westermann

EinFach Deutsch

Georg Büchner

Leonce und Lena

... verstehen

Erarbeitet von
Roland Kroemer

Herausgegeben von
Johannes Diekhans
Michael Völkl

Bildnachweis

|akg-images GmbH, Berlin: 59.1, 60.1, 66.1; De Agostini/Biblioteca Ambrosiana 56.1. |Alamy Stock Photo, Abingdon/Oxfordshire: public domain sourced / access rights from ART Collection 61.1; United Archives GmbH 90.1. |bpk-Bildagentur, Berlin: 62.1. |Interfoto, München: Sammlung Rauch 57.1, 64.1. |Kassing, Reinhild, Kassel: 17.1, 20.1, 31.1, 41.1, 43.1, 47.1. |Klassik Stiftung Weimar (Goethe- und Schiller-Archiv), Weimar: GSA 10/3,1 67.1. |ullstein bild, Berlin: ullstein bild 59.2.

Druck A[1] / Jahr 2022
Alle Drucke der Serie A sind im Unterricht parallel verwendbar.

Umschlagbild: Reinhild Kassing
Druck und Bindung: Westermann Druck GmbH, Georg-Westermann-Alle 66,
38104 Braunschweig

ISBN 978-3-14- **022699**-8

Inhaltsverzeichnis

An die Leserin und den Leser

Liebe Leserin, lieber Leser!

„Mein Leben gähnt mich an, wie ein großer weißer Bogen Papier, den ich vollschreiben soll, aber ich bringe keinen Buchstaben heraus. Mein Kopf ist ein leerer Tanzsaal, einige verwelkte Rosen und zerknitterte Bänder auf dem Boden, geborstene Violinen in der Ecke, die letzten Tänzer haben die Masken abgenommen und sehen mit todmüden Augen einander an." (15, 2 – 15, 8)[1]

In dieser Klage des Prinzen Leonce wird die Verwandtschaft zu seinem Schöpfer besonders greifbar, litt doch auch Georg Büchner häufig unter Melancholie und dem Gefühl existenzieller Sinnlosigkeit. Dabei ist das Lustspiel „Leonce und Lena", das er 1836 anlässlich eines Wettbewerbs geschrieben hat, um einiges fröhlicher als seine anderen Dramen „Dantons Tod" und „Woyzeck". Seit der Uraufführung 1895 bis heute erfreut sich das Publikum an der märchenhaften Geschichte des Prinzen und der Prinzessin, die ihrer Hochzeit durch eine Flucht nach Italien entkommen wollen, ihr Schicksal aber gerade dadurch erfüllen. Längst haben die beiden Titelfiguren, die in wegweisender Symbolik als Automaten verkleidet in die Heimat zurückkehren, aber auch Valerio, der ewig spottende Begleiter des Prinzen, und der lächerliche König Peter einen festen Platz unter den Gestalten der Weltliteratur erobert.

Seine ungebrochene Faszination verdankt das Drama aber auch seiner gesellschaftskritischen Dimension. Denn Büchner hat mit „Leonce und Lena" nur scheinbar eine romantische Komödie zur vergnüglichen Unterhaltung

[1] Sämtliche Stellenangaben beziehen sich auf folgende Ausgabe: Georg Büchner: Leonce und Lena. Ein Lustspiel. Erarbeitet von Roland Kroemer. Herausgegeben von Johannes Diekhans. Paderborn: Schöningh 2015.

geschrieben. Tatsächlich prangert er mit dem zur Zeit des Vormärz[1] entstandenen Stück den antiquierten, um sich selbst kreisenden Spätabsolutismus[2] an, namentlich das Großherzogtum Hessen-Darmstadt, in dem er geboren wurde und viele Jahre lebte. Hat er 1834 mit der Flugschrift „Der Hessische Landbote" noch zur Revolution gegen den Obrigkeitsstaat aufgerufen, verhöhnt er ihn zwei Jahre später, mittlerweile steckbrieflich gesucht und ins Straßburger Exil geflohen, im Lustspiel als Königreich Popo. Viele auf den ersten Blick komisch erscheinende Szenen, etwa die Episode, in der die zum Jubeln abkommandierten Bauern wie Kinder behandelt werden, spiegeln in Wirklichkeit die damaligen politischen Missstände wider. Abgesehen von diesem historischen Kontext ist das Drama auch literaturgeschichtlich von großer Bedeutung. Wie in all seinen Werken hat Büchner, der nicht umsonst als Wegbereiter der literarischen Moderne gilt, auch in diesem Stück etliche Themen vorweggenommen, die das philosophische Denken nachfolgender Generationen beherrschen. So zeichnen sich die gegen Ende des 19. Jahrhunderts immer lauter werdenden Zweifel an einem universellen Sinn des Daseins und, damit eng verbunden, an einem selbstbestimmten Ich schon in Leonces von Weltschmerz geprägten Grübeleien ab. Und auch grundsätzliche, in der ersten Hälfte des 20. Jahrhunderts aufkommende Fragen wie nach dem Verhältnis zwischen Individuum und Gesellschaft hat Büchner bereits in seinem Drama gestellt und in der Automaten-Szene anschaulich und geradezu visionär illustriert.

---

[1] Epoche der deutschen Geschichte zwischen dem Wiener Kongress 1815 und der Märzrevolution 1848

[2] letzte Phase des Absolutismus, also der monarchischen Herrschaftsform, die von der Regierung einer aus eigener Machtvollkommenheit handelnden Person bestimmt ist

Neben all diesen Aspekten besticht das Lustspiel „Leonce und Lena“ aber auch durch seinen ästhetischen Reiz. Einmal mehr beweist sich Büchner als großer Stilist. Schnelle Dialoge voller Humor, Wortwitz und überraschenden Pointen wechseln sich ab mit langen schwermütigen Monologen, die in ihrer Symbolik und Tiefgründigkeit an Gedichte erinnern. Motive der Romantik bestimmen das Fühlen, Denken und Handeln der Protagonisten, werden gleichzeitig aber auch ironisiert. Und nicht zuletzt die zahllosen Anspielungen auf andere literarische Werke, mehr oder weniger direkte Zitate und andere intertextuelle Verweise machen Büchners Stück so vielschichtig und facettenreich, dass man auch nach mehrmaliger Lektüre immer wieder Neues entdeckt.
Der vorliegende Band aus der Reihe „EinFach Deutsch … verstehen“ will Ihnen die Erschließung der auftretenden Figuren sowie des Handlungsgefüges erleichtern und Ihnen Zugänge zur Interpretation des Stückes aufzeigen. Darüber hinaus vermittelt er Ihnen auf anschauliche Weise die biografischen und zeitgeschichtlichen Hintergründe des Werks. Zum Zwecke der erfolgreichen Prüfungsvorbereitung können Sie sich außerdem die Aufgabenform „Personencharakterisierung“ sowie textanalytische Verfahren erarbeiten und wesentliche Aspekte des Dramas in übersichtlicher und einprägsamer Weise wiederholen.

Viel Freude beim Lesen, Nachdenken und Verstehen wünscht

Roland Kroemer

Gewidmet Königin Mia und
ihrer Hofdame Rea vom Reiche Charlottenburg.
(R. K.)

Der Inhalt im Überblick

1. Akt

Im 1. Akt werden die Hauptfiguren und der zentrale Konflikt des Dramas eingeführt. Zunächst tritt Prinz Leonce auf, ein melancholischer junger Mann, der sich wie ein Fremder in der (adeligen) Gesellschaft fühlt und seiner Umwelt mit beißendem Spott begegnet. Mit rauschenden Festen und oberflächlichen Liebschaften versucht er, dem Einerlei seines Lebens zu entkommen, wird aber gerade dadurch mit dessen Sinnlosigkeit konfrontiert. So trennt er sich in einer Szene von seiner Geliebten Rosetta, die ihm langweilig geworden ist, spürt danach jedoch umso mehr die Leere in sich.
Der eintönige Alltag endet abrupt, als sein Vater, König Peter vom Reiche Popo, beschließt, dass sein Sohn die Prinzessin Lena vom Reiche Pipi heiraten und sein Nachfolger werden solle. Leonce, der sich weder auf die Ehe mit einer unbekannten Frau einlassen noch die Regierungsgeschäfte übernehmen will, beschließt mit seinem Kameraden Valerio, einem faulen Herumtreiber und frechen Sprücheklopfer, nach Italien zu fliehen.
Doch auch Lena, einer romantischen Träumerin, ist die Vorstellung der Vermählung mit einem Fremden zuwider. So macht auch sie sich, begleitet von ihrer mütterlichen Gouvernante, auf den Weg in den Süden, um die Hochzeitspläne zu durchkreuzen.

2. Akt

Nachdem die bisherige Handlung in den Reichen Popo und Pipi häufig in vornehmen Räumen gespielt hat, verlagert sie sich im 2. Akt aufs freie Land außerhalb dieser Grenzen. Auf ihrer Flucht treffen sich die Titelfiguren zufällig und erkennen sogleich ihre Seelenverwandtschaft. Obwohl sie

nur wenige Worte wechseln, spürt Lena, wie traurig der unbekannte Mann ist, und muss nach der Begegnung mit großer Empathie an ihn denken. Leonce wiederum sieht sich in seinem Leid verstanden und schwärmt gegenüber Valerio von der sensiblen Frau.
Auf dem romantischen Höhepunkt der Handlung nähern sich Prinz und Prinzessin in einem vom Mondlicht beschienenen, zauberhaft wirkenden Garten. Wie im Traum tauschen sie Sätze voller dunkler Symbolik und Todessehnsucht aus, zeigen sich in ihrer tiefsten Einsamkeit, um sich schließlich zu küssen.
Danach sucht Lena, erschrocken vor so viel existenzieller Verzweiflung, vorerst das Weite, während Leonce glückselig zurückbleibt. Überzeugt davon, dass der Kuss durch nichts zu überbieten ist, will er sein Leben beenden, um ihn für immer zu bewahren. Voller Pathos stürzt er zum Fluss, wird aber von Valerio aufgehalten und erkennt bald, wie übertrieben seine Reaktion war.

3. Akt

Wieder zu Sinnen gekommen, berichtet Leonce zu Beginn des 3. Aktes von seinem Entschluss, die junge Frau, in die er unsterblich verliebt ist, in seinem Vaterland zu heiraten – auch Lena hat offenbar schon eingewilligt. Weil die beiden ihre wahre Identität aber noch immer nicht kennen, besteht eigentlich kein Grund, auf König Peters Segen zu hoffen. Valerio deutet allerdings an, eine Lösung zu haben.
Im Reich Popo sind derweil die Vorbereitungen auf die offizielle, von oben angeordnete Hochzeit in vollem Gange. Auf dem Schlossplatz erhalten die zum Jubelempfang abkommandierten Bauern letzte Instruktionen und werden dabei aus reiner Bosheit gedemütigt, während im Saal des Schlosses eine feierliche Gesellschaft ungeduldig auf das Erscheinen des Königs wartet. Dieser erfährt erst jetzt, dass

Prinz und Prinzessin verschwunden sind und die angeordnete Vermählung daher nicht stattfinden kann.
In diesem Moment größter Verwirrung treten die zwei Titelfiguren mit ihren Begleitern auf, alle vier als Automaten verkleidet. Um seinen Plan doch noch zu realisieren, ordnet Peter kurzerhand eine Heirat „in effigie“, also als Bildnis, an: Das eigentliche Brautpaar soll symbolisch durch die beiden Puppen, einen Mann und eine Frau, repräsentiert werden, deren Mechanismus Valerio zuvor in den höchsten Tönen gelobt hat. Erst nach der Zeremonie fallen die Masken. Nachdem alle Beteiligten erkannt haben, dass Prinz Leonce und Prinzessin Lena durch eine glückliche Fügung nun doch ganz real geheiratet haben, ist die Begeisterung groß. König Peter dankt zufrieden ab und überlässt den Thron seinem Sohn, der – unterstützt von seinem neuen Staatsminister Valerio – sogleich utopisch-fantastische Pläne für das Reich Popo verkündet.

Die Personenkonstellation

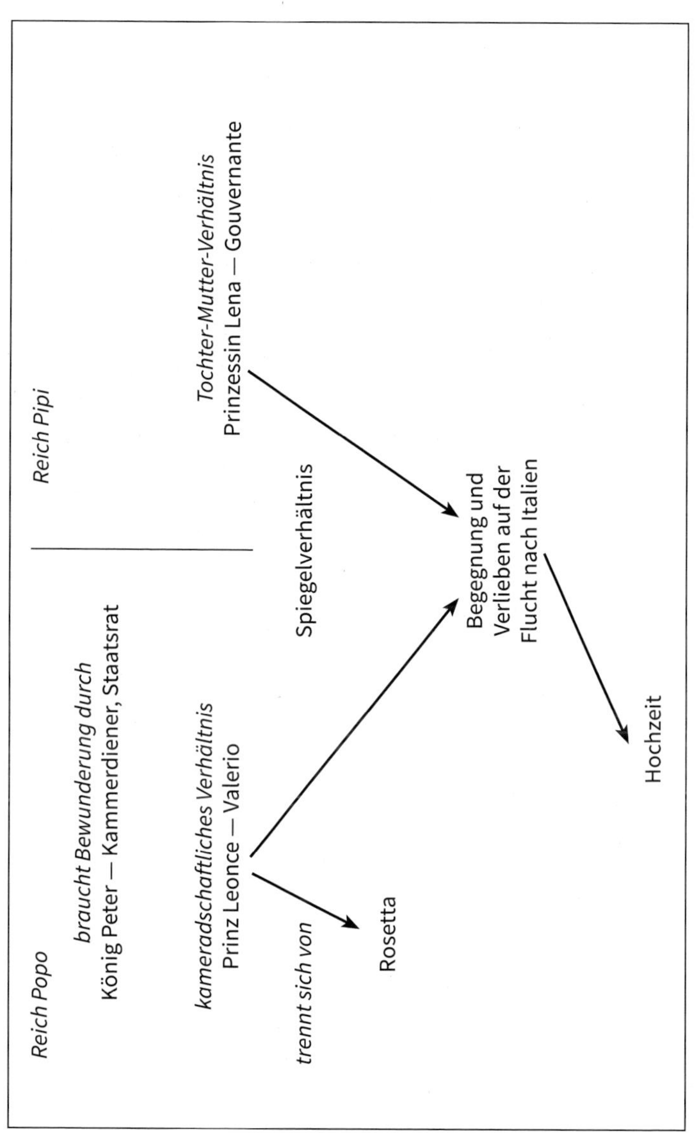

Inhalt, Aufbau und erste Deutungsansätze

Vorrede

Motto, das auf das Werk einstimmen soll

Bei der sog. „Vorrede“ handelt es sich um ein an den Anfang gestelltes Motto, das auf das nachfolgende Werk, etwa auf zentrale Motive und Grundthemen, einstimmen soll. Büchner führt einen fiktiven zweizeiligen Dialog zwischen den italienischen Dramatikern Vittorio Alfieri (1749–1803) und Carlo Gozzi (1720–1806) an, wobei die Herkunft der beiden Sätze („e la fama?“ – „e la fame?“[1]) von der Forschung bis heute nicht eindeutig geklärt werden konnte.[2] Das kurze Motto weist bereits auf die zentrale Technik hin, die das gesamte Stück prägt, nämlich die ausgiebige Zitatmontage: In jeder Szene lassen sich etliche – teils wortwörtliche, teils umgestaltete – Zitate aus anderen Dramen und weiteren literarischen Werken entdecken.[3] Außerdem nehmen die zwei sich nur durch einen Buchstaben unterscheidenden Sätze die Wortspiele und Wortgefechte vorweg, die sich Büchners Figuren, insbesondere Leonce und Valerio, immer wieder bieten. Vor allem aber klingt in der direkten Gegenüberstellung von „fama“ (Ruhm) und „fame“ (Hunger) bereits ein Konflikt an, der das Drama inhaltlich bestimmt. Immer wieder

---

[1] (ital.:) „Und der Ruhm?“ – „Und der Hunger?“

[2] So konnten die zitierten Sätze in den Werken der beiden Autoren nicht entdeckt werden. Vieles spricht hingegen dafür, dass Büchner sie aus einem 1834 in der Kulturzeitschrift „Revue des Deux Mondes“ erschienenen Brief der französischen Schriftstellerin George Sand (1804–1876) übernommen hat, in dem sie – mitsamt der Namensnennung der beiden Dramatiker – ganz ähnlich zu lesen sind. (Vgl. Hartmut Vollmer: Verlockender Ruhm und drohender Hunger. Das „Vorrede“-Motto in Georg Büchners „Leonce und Lena“. In: Wirkendes Wort. Bd. 54 (2004), S. 393–403; hier: S. 394 f.)

[3] Vgl. dazu das Unterkapitel „Büchners Quellen“, S. 72–75.

werden in der – zumindest vordergründig – romantischen Handlung, in der es wiederholt um höfische Ideale wie Ruhm und Ehre geht, die problematischen gesellschaftlichen Verhältnisse wie Armut und Hunger angeprangert, unter denen das Volk zu leiden hat.[1] So gibt das Motto einen ersten Hinweis darauf, dass Büchners Drama womöglich nur scheinbar ein „romantisches Lustspiel" ist, wie in der Sekundärliteratur häufig behauptet, sondern in Wirklichkeit eine politische Satire[2].

Erster Akt

Das Anfangsmotto

Zitat aus Shakespeares Komödie „Wie es euch gefällt"

Auch dem 1. Akt ist ein Motto vorangestellt, nämlich ein Zitat aus dem Lustspiel „Wie es euch gefällt" von William Shakespeare (1564 – 1616), den Büchner sehr geschätzt hat. In dieser Verwandlungs- und Verwechslungskomödie verlieben sich die beiden Hauptfiguren – ebenso wie im Drama „Leonce und Lena" – ineinander, bevor sie ihre eigentliche Identität erfahren. Der hier wiedergegebene Wunsch des Zynikers Jacques, „ein Narr" zu sein und dessen „bunte Jacke" zu tragen, lässt bereits an Büchners Protagonisten Leonce denken. Zutiefst unglücklich mit seiner Existenz am königlichen Hofe, sehnt auch er sich nach der Außenseiterstellung des Narren, der sich nicht

---

1 Außerdem könnte Büchner bei diesem Wortpaar auch an seine eigene Situation während der Entstehung des Lustspiels gedacht haben: Nach der Veröffentlichung seines ersten Dramas „Dantons Tod" (1835) träumte der gerade einmal 22-Jährige womöglich von seinem baldigen Ruhm, musste im Straßburger Exil aber zugleich in ärmlichen Verhältnissen leben – bezeichnenderweise schrieb er „Leonce und Lena" anlässlich eines Literaturwettbewerbs und hoffte nicht zuletzt auf das ansehnliche Preisgeld. (Vgl. dazu das Unterkapitel „Büchners Lebensstationen", S. 58 – 64.)

2 Die Satire ist eine Kunstgattung, die durch Spott, Ironie und Übertreibung bestimmte Personen, Meinungen, Ereignisse oder Zustände anprangert und verächtlich macht.

an die gesellschaftlichen Konventionen hält und seinen Mitmenschen mit unverhohlenem Spott gegenübertritt.

Erste Szene: Ein Garten

Leonces Gemütsverfassung: gelangweilt und melancholisch

Einen ersten Eindruck von Leonces Gemüt gewinnt der Leser/die Leserin durch die Regieanweisung am Anfang: Der Prinz sitzt „halb ruhend auf einer Bank", scheint weder viel Motivation noch ein konkretes Ziel zu haben. Dies bestätigt sich in seinen Sätzen an den Hofmeister[1], der als Untergebener nur höflich nicken und zustimmen kann. In großer Abneigung, sich „auf [s]einen Beruf vorbereiten" (5, 1 – 5, 2) zu lassen und damit seinen Pflichten als Königssohn nachzukommen, betont Leonce, wie beschäftigt er sei: „Ich habe alle Hände voll zu tun. Ich weiß mir vor Arbeit nicht zu helfen." (5, 2 – 5, 3) Seine bittere Ironie wird allerdings deutlich, wenn er von seinen Aufgaben spricht. So habe er „auf den Stein hier dreihundertfünfundsechzig Mal hintereinander zu spucken" (5, 3 – 5, 5), für jeden Tag des Jahres ein Mal, was seinen Lebensüberdruss unterstreicht. Außerdem vertreibt er seine Zeit damit, Sand mit dem Handrücken aufzufangen und die Zahl der liegen gebliebenen Sandkörner zu schätzen (vgl. 5, 4 – 5, 11) – eine unsinnigere Tätigkeit lässt sich kaum vorstellen. Kein Zweifel, Leonce leidet nicht an zu viel Arbeit, sondern im Gegenteil an unendlicher Langeweile. Dass dies mit dem Gefühl einer tiefen Sinnlosigkeit einhergeht, deutet sich bereits in seiner Frage an, ob der Hofmeister an Gott, also an eine übergeordnete Wahrheit, glaube (vgl. 5, 9 – 5, 10). Dem Prinzen selbst fehlt offenbar eine solche religiöse Stütze. Seine existenzielle Verunsicherung zeigt sich auch am Ende seiner Rede, wenn er

[1] Ein Hofmeister war vom Mittelalter bis ins 19. Jahrhundert hinein an europäischen Höfen einer der ersten Hofbeamten. Ihm oblag die Leitung der Hauswirtschaft und des Dienstes um die obersten Adeligen.

das „Ideal[]“ (5, 18) formuliert, sich einmal „auf den Kopf sehen“ (5, 17–5, 18) zu können, spiegelt sich in diesem zunächst kindisch erscheinenden Wunsch doch die Unmöglichkeit wider, das eigene Ich durch Reflexionen erfassen zu können.[1] Derart gelangweilt und orientierungslos, empfindet Leonce – selbst bei Alltäglichkeiten wie dem Anblick dahinziehender Wolken – eine tiefe „Melancholie“ (6, 3).

fremd in der Gesellschaft

Diese Schwermut rührt auch von seinem Gefühl her, fremd in der Gesellschaft zu sein. Anscheinend identifiziert sich Leonce so wenig mit seiner ihm zugeschriebenen Rolle, dass er die Etikette, also die förmlichen Umgangsformen, bewusst missachtet, sie gar verhöhnt. So spottet er über die O-Beine des Hofmeisters, diese schöne „Parenthese“[2] (6, 8), als sich dieser zum Abschied verbeugt, und macht sich damit über ihn und sein regelkonformes Verhalten lustig. Aber nicht nur der feudalen Welt, auch der Gesellschaft allgemein steht Leonce als distanzierter Beobachter gegenüber, wie sich in seinem darauffolgenden Monolog zeigt (vgl. 6, 10–6, 30). Dem alltäglichen Treiben um ihn herum kann er wenig abgewinnen. Für ihn handeln die Menschen keineswegs aus einem tieferen Sinn, sondern lediglich aus „Müßiggang“ (6, 12) und „Langeweile“ (6, 14), ohne dies zu erkennen, „und meinen Gott weiß was dazu“ (6, 18–6, 19), nehmen sich und ihr Leben also viel zu ernst. Leonce aber ist zu intelligent und zu reflektiert, als dass er bei diesem Theater mitspielen könnte, auch wenn er sich insgeheim danach sehnt: „Warum kann ich mir nicht wichtig werden und der armen Puppe einen Frack anziehen und einen Regenschirm in die Hand geben, dass sie sehr recht-

---

1 Vgl. zur philosophischen Frage nach dem Ich auch das Unterkapitel „Das Drama ‚Leonce und Lena‘ als Vorläufer der literarischen Moderne“, S. 80–86.

2 im Deutschen die Bedeutung von „Klammern“; im Französischen auch die Bezeichnung für O-Beine

lich und sehr nützlich und sehr moralisch würde?" (6, 22–6, 25)[1] Aber obwohl er sich wünscht, „jemand anderes [zu] sein" (6, 27), und den Hofmeister um dessen Aufgehen in sozialen Normen und Werten beneidet (vgl. 6, 25–6, 27), scheint er sich mit seinem Außenseitertum längst abgefunden zu haben.

Valerio – Leonces „Bruder im Geiste" und „Sidekick"

Die nächste Figur, die auftritt, hat mehr Verständnis mit Leonce als der förmlich-steife Beamte. Mit Valerio, einem faulen Herumtreiber und frechen Sprücheklopfer, gewinnt der Prinz einen Begleiter, der ihm bis zum Schluss zur Seite stehen wird. Einander noch völlig unbekannt, scheinen sie sich auf Anhieb sympathisch zu finden und scherzen miteinander wie alte Freunde. Valerio ist Leonces „Bruder im Geiste" und fungiert als sog. „Sidekick", also als besonders wichtige Nebenfigur, die nicht zuletzt die dramaturgische Aufgabe hat, sich die Gedanken, Gefühle, Motive und Pläne des Protagonisten mitteilen zu lassen, sodass auch der Leser/die Leserin von ihnen erfährt. Darüber hinaus bringt er mit seiner unkonventionellen Art auch neue Themen und unerwartete Perspektiven in die Gespräche mit ein und sorgt für überraschende Wendungen der Handlung.

die ironisierte Romantik

Gleich in Valerios ersten vorgebrachten Sätzen klingen Motive der Romantik an. So will er sich „in das Gras legen […] und romantische Empfindungen beziehen, wenn die Bienen und Schmetterlinge sich darauf wiegen, wie auf einer Rose" (7, 7–7, 10), und scheint damit zu den Naturschwärmern zu gehören, wie sie in der Epoche der Romantik häufig anzutreffen waren. Dieser Eindruck verfliegt jedoch schnell, als er sein „Gefühl für die Natur" genauer beschreibt: „Das

[1] Dieser Wunsch wird sich am Ende des Dramas buchstäblich erfüllen, wenn Leonce als Automat resp. „Puppe" verkleidet in seine Heimat zurückkehrt, um die für ihn bestimmte Frau zu heiraten und die Regierungsgeschäfte zu übernehmen, also tatsächlich „sehr rechtlich und sehr nützlich und sehr moralisch" wird (vgl. 3. Szene, 3. Akt).

Gras steht so schön, dass man ein Ochs sein möchte, um es fressen zu können, und dann wieder ein Mensch, um den Ochsen zu essen, der solches Gras gefressen." (7, 14–7, 17) Das romantische Motiv wird bei Büchner ironisiert, steckt hinter der angeblichen Liebe zur Natur doch nur profane, alltägliche Genusssucht. Ganz ähnlich verhält es sich kurz darauf mit Valerios geäußertem Wunsch „Wer will mir seine Narrheit gegen meine Vernunft verhandeln?" (8, 1–8, 2). Auch hier wird ein zentrales, bereits im Anfangsmotto aufgenommenes Motiv der Romantik – nämlich die Kritik an einer allzu dominanten und einengenden Vernunft zugunsten eines befreienden Narrentums – angesprochen, aber ebenfalls ironisiert. Denn spätestens bei Valerios folgendem Monolog (vgl. 8, 2–8, 14), in dem er in den schrillsten Bildern die Adeligen als versponnene Narren beschreibt, während er seine „gesunde[] Vernunft" (8, 12–8, 13) beklagt, wird deutlich, dass in Wirklichkeit er der Narr ist –

freilich ein kluger Narr, der hinter die Kulissen der feinen Gesellschaft geblickt hat und sich nichts mehr vormachen lässt. So zeigt sich bereits in dieser frühen Szene Büchners Umgang mit der literarischen Tradition: Er bedient sich verschiedener Elemente – hier: zentraler Motive – des romantischen Lustspiels, ironisiert und verspottet sie aber und distanziert sich damit indirekt von dieser Dramenform, die er für seine sozialkritischen Zwecke als ungeeignet erachtet.

die Gemeinsamkeiten und Unterschiede zwischen Leonce und Valerio

Obwohl Leonce und Valerio denkbar unterschiedlichen Schichten angehören, begegnen sie sich ungezwungen und auf gleicher Augenhöhe. Schon am Anfang zeigt Valerio gegenüber dem Ranghöheren keinerlei Respekt, sondern „stellt sich", wie es in der Regieanweisung heißt, „dicht vor den Prinzen, legt den Finger an die Nase und sieht ihn starr an" (7, 1–7, 2). Und auch Leonce lässt die höflichen Umgangsformen, die man von einem Königssohn erwarten würde, vermissen, wenn er Valerio wie einen Kameraden behandelt und ihm einmal sogar frech zuruft: „Halt's Maul mit deinem Lied" (7, 27). Beide stehen der Gesellschaft so ironisch distanziert gegenüber, dass sie soziale Positionen und Konventionen nicht ernst nehmen können, sondern bewusst dagegen verstoßen und ihre Scherze darüber treiben. Auch in ihrer eigenen Existenz scheinen sie wenig Sinn zu sehen und leben ohne Ziele vor sich hin. So verbinden sie „eine ungemeine Fertigkeit im Nichtstun" und „eine ungeheure Ausdauer in der Faulheit" (8, 19–8, 21), wie es Valerio mit komisch anmutender „Würde" (8, 18) ausdrückt. Nachdem er gestanden hat, „noch Jungfrau in der Arbeit" (8, 23) zu sein, erkennt Leonce gar einen Seelenverwandten in ihm und ruft enthusiastisch aus: „Komm an meine Brust!" (8, 26) Neben diesen Gemeinsamkeiten gibt es aber auch deutliche Wesensunterschiede zwischen den beiden Figuren. Während Leonce in Missmut und Zynismus zu versinken droht, findet sich Valerio mit der Sinnlosigkeit der Welt ab und genießt die angenehmen Seiten des Lebens. Schon bei seinem Auftritt ist er „etwas betrunken“ (7, Regieanweisung oben), später „legt [er] sich ins Gras“ (7, 6 – 7, 7) und fantasiert darüber, einen „Ochsen zu essen“ (7, 17). Im Gegensatz zum Melancholiker Leonce ist Valerio mithin ein Hedonist, strebt also nach Sinneslust und Genuss. Immer einen flotten Spruch auf den Lippen, sind ihm die Grübeleien des Prinzen zutiefst fremd.

Aufbau und Inhalt der 1. Szene, 1. Akt

	Figuren	Inhalt
1. Abschnitt	Leonce und der Hofmeister	Leonces Gemütszustand zwischen Melancholie und Langeweile; sein respektloser Umgang mit Hofbeamten
2. Abschnitt	Leonce allein	Leonces Einsamkeit und Fremdsein in der Gesellschaft; sein heimlicher Neid auf zufriedene Menschen, die sozial integriert sind
3. Abschnitt	Leonce und Valerio	Leonces unbeschwerter und frecher Umgang mit Gleichgesinnten; bei aller Schwermut kann er auch albern sein und scherzen

→ In der ersten Szene wird insbesondere Prinz Leonce, eine der beiden Titelfiguren, eingeführt. Man erfährt von seinem Gemütszustand und seinem Umgang mit anderen.

Zweite Szene: Ein Zimmer

Aufbau und Inhalt der Szene

Zum ersten Mal tritt Leonces Vater, König Peter vom Reiche Popo, auf. Die Szene besteht aus zwei Teilen: Nachdem Peter im ersten Teil (9, 3 – 10, 15) von zwei Kammerdienern angekleidet worden ist, verkündet er im zweiten Teil (10, 16 – 11, 3) dem Staatsrat, bestehend aus einem Präsidenten und anderen Regierungsbeamten, dass sein Sohn heiraten soll (vgl. 10, 16 – 10, 18). Für den Handlungsverlauf ist diese Ankündigung von großer Bedeutung, stellt sie doch, wie sich bald zeigen soll, den Auslöser für den zentralen Konflikt des Dramas dar.

die komische Wirkung von König Peter

Neben dieser handlungsrelevanten Funktion verdient die Komik in der Szene besondere Beachtung. Gibt es bereits zuvor etliche Situationen, die zum Lachen reizen, so wird mit dem Auftritt Peters endgültig klar, dass es sich bei Büchners Stück (zumindest formal[1]) um ein Lustspiel, also um eine Komödie, handelt.[2] Die komische Wirkung entsteht hier vor allem durch das auffällige Missverhältnis zwischen äußerem Schein und eigentlichem Sein. Peter versucht, vor den Kammerdienern seiner sozialen Rolle eines Königs, also eines Würdenträgers, gerecht zu werden, ist in Wirklichkeit aber „fast nackt" (9, 6) und verhält sich auch sonst wenig würdevoll. In seinem ganzen Wesen ist er eine zutiefst groteske Figur. Während er sich selbst für einen weisen Denker hält, ist er doch offensichtlich dumm und verwendet philosophische Begriffe in ei-

[1] Vgl. dazu das Unterkapitel „Ein romantisches Lustspiel?", S. 75 – 80.

[2] In dieser Verstehenshilfe werden die Begriffe „Komödie" und „Lustspiel" synonym verwendet, wie es in der Literaturwissenschaft mittlerweile üblich ist. Die vor allem früher gemachte Unterscheidung zwischen der aus der Komik abgeleiteten Komödie und dem von einer humorvollen Stimmung getragenen Lustspiel erscheint allzu willkürlich und lässt sich in der Praxis – schon allein aufgrund der häufigen Überschneidung von Komik und Humor in einem Drama – kaum plausibel anwenden.

nem völlig falschen, banalen Zusammenhang: „Jetzt kommen meine Attribute, Modifikationen, Affektionen und Akzidenzien", erklärt er beim Ankleiden, „wo ist mein Hemd, meine Hose? – Halt, pfui! der freie Wille steht da vorn ganz offen." (9, 7 – 9, 10) Außerdem tritt Peter mit dem feierlichen Habitus, also Gebaren, eines Regenten auf, spricht und handelt in Wirklichkeit aber überaus unbeholfen, ist „confus" (10, 7) und zudem so vergesslich, dass er sich an sein eigenes Volk mit einem Knoten im Taschentuch erinnern muss (vgl. 10, 10 – 10, 11). Die Diskrepanz zwischen pathetischem Schein und geistlosem Sein, das in seinem Handeln und Sprechen zum Ausdruck kommt, ist von Beginn an offenkundig. So sieht das Publikum die von König Peter selbst nicht erkannte Lächerlichkeit sehr deutlich, fühlt sich ihm während der gesamten Szene überlegen und kann genüsslich über ihn lachen.

Verspottung des verkrusteten Feudalstaats

Kennt man allerdings den historischen Hintergrund des Dramas, so bleibt einem das Lachen leicht im Halse stecken. Denn Büchner hat nur scheinbar ein vergnügliches Lustspiel geschrieben. In Wirklichkeit prangert er mit seinem 1836 entstandenen Stück den verkrusteten Feudalismus[1] seiner Zeit an, vor allem das Großherzogtum Hessen-Darmstadt, in dem er geboren wurde und viele Jahre lebte. Nachdem er 1834 mit der Flugschrift „Der Hessische Landbote" noch zur Revolution gegen den Obrigkeitsstaat aufgerufen hat, verspottet er ihn nun – mittlerweile steckbrieflich gesucht und ins Straßburger Exil geflohen[2] – als Königreich Popo. Pate für seinen König Peter stand der hessische Großherzog Ludwig II., von dem überliefert ist, dass er bei öffentlichen Auftritten ebenfalls nervös und unsicher war und generell wenig Interesse an

---

[1] Herrschaftssystem einer über den Grundbesitz verfügenden aristokratischen Oberschicht über das Volk

[2] Siehe dazu das Unterkapitel „Büchners Lebensstationen", S. 58 – 64.

den Regierungsgeschäften zeigte. Ähnlich wie seine Karikatur auf der Bühne schien auch er keine Verbindung zum eigenen Volk gehabt, dessen Belange ignoriert und vergessen zu haben. So spiegelt die scheinbar lustige Szene in Wirklichkeit die politischen Missstände in Deutschland in der ersten Hälfte des 19. Jahrhunderts wider. Ihre Komik erweist sich als scharfe Kritik gegen das überholte und um sich selbst kreisende Adelssystem.[1]

Kritik an philosophischen Denksystemen

Doch Büchners Spott zielt nicht nur auf das politische System, sondern auch, und damit eng verbunden, auf die philosophischen Systeme, die das damalige intellektuelle Klima prägten. Insbesondere in Deutschland glaubte man, die Realität durch universelle Theorien – angefangen etwa bei den Reflexionen Gottfried Wilhelm Leibniz' (1646–1716) über die Transzendentalphilosophie Immanuel Kants (1724–1804) bis hin zu den spekulativen Systemen des Deutschen Idealismus, namentlich Johann Gottlieb Fichtes (1762–1814), Friedrich Wilhelm Joseph Schellings (1775–1854) und Georg Wilhelm Friedrich Hegels (1770–1831) – umfassend beschreiben und erklären zu können. Die Witzfigur König Peter, der philosophische Wendungen wie „Die Substanz ist das an sich" (9, 5–9, 6) oder „Ein Drittes gibt es nicht" (10, 20) ohne Sinn und Verstand gebraucht, während er sich mit offener Hose vor seinen Dienern lächerlich macht, offenbart die ironische Distanz, mit der Büchner solchem Systemdenken gegenüberstand. Nach seiner Überzeugung legitimiert und zementiert diese Art des Philosophierens, mit der er sich während der Entstehung des Dramas intensiv beschäftigt hat,[2] aufgrund ihrer

---

[1] Siehe dazu das Unterkapitel „Der historische Kontext", S. 54–58.

[2] So bereitete Büchner 1836, also im Entstehungsjahr seines Lustspiels, auch eine Vorlesungsreihe über die Geschichte der Philosophie vor und beschäftigte sich dabei insbesondere mit philosophischen Systemen.

Praxisferne und lediglich beschreibenden Art den Status quo und verhindert damit eine Veränderung der Verhältnisse.[1] So ist es kein Zufall, dass die einzige Figur im Stück, die Orientierung in den traditionellen Schriften sucht, der ranghöchste Repräsentant des Staates ist. Büchners Kritik am Herrschaftssystem seiner Zeit geht Hand in Hand mit der Kritik an den philosophischen Systemen – beides lehnt er als rückständig und zutiefst lebensfremd ab.[2]

Büchners Kritik am philosophischen Systemdenken anhand der Figur König Peter

sprachlich:
komplizierte, „gedrechselte" Sätze und abgehobene Begriffe, häufig lächerlich; keinen Bezug zur Wirklichkeit

gesellschaftlich-politisch:
zementiert den gesellschaftlichen Status quo, unterstützt damit Ungerechtigkeit, statt sie zu bekämpfen

philosophisch:
veraltetes Weltbild; Wirklichkeit ist zu komplex und widersprüchlich, als dass sie in einem Denksystem abgebildet werden könnte

---

[1] Trotz – oder wegen – seines Interesses an der Philosophie stand Büchner ihr überaus kritisch, zuweilen spöttisch gegenüber. So nennt er ihre „Kunstsprache" in einem Brief vom Dezember 1833 an den Schriftsteller August Stoeber „abscheulich" und hält seine Beschäftigung mit ihr für letztlich unsinnig: „[I]ch lache über meine Narrheit und meine, es gäbe im Grund genommen doch nichts als taube Nüsse zu knacken." (Georg Büchner: Werke und Briefe. München: dtv 1988, S. 284) Und in einem Brief vom September 1836 an seinen Bruder Wilhelm beschreibt er in ähnlich sarkastischem Ton seinen Plan, „in meiner Eigenschaft als überflüssiges Mitglied der Gesellschaft meinen Mitmenschen Vorlesungen über etwas ebenfalls höchst Überflüssiges, nämlich über die philosophischen Systeme der Deutschen seit Cartesius und Spinoza, zu halten" (Georg Büchner: Werke und Briefe. München: dtv 1988, S. 321).

[2] Vgl. dazu das Unterkapitel „Das Drama ‚Leonce und Lena' als Vorläufer der literarischen Moderne", S. 80–86.

Dritte Szene: Ein reich geschmückter Saal

Ironisierung des Ideals der romantischen Liebe

Eng verbunden mit dieser kritischen Einstellung ist auch Büchners Ablehnung der Romantik, die bereits bei der Analyse der 1. Szene angeklungen ist. Ähnlich wie dem Idealismus mit seinen abgehobenen Spekulationen warf er auch dieser – zeitgleich entstandenen – literarischen Strömung aufgrund ihrer weltfremden Träumereien eine Verklärung der Wirklichkeit und ihre Blindheit gegenüber sozialen Missständen vor.[1] Diese Kritik führt Büchner in der 3. Szene fort, zu deren Beginn sich Leonce von seiner Geliebten Rosetta trennt. Während sie dem Ideal der romantischen Liebe nachhängt und entsprechende Gefühlsbekundungen erwartet, ist er ihrer längst überdrüssig und treibt seine Scherze mit ihr. Auf ihre Frage, ob er sie liebe, antwortet er mit einem trockenen „Ei warum nicht?“ (12, 15) und enttäuscht sie damit bewusst. Noch verletzender ist seine Entgegnung auf die anschließende Frage, ob ihre Liebe für „immer“ (12, 16) andauere: „Das ist ein langes Wort: immer! Wenn ich dich nun noch fünftausend Jahre und sieben Monate liebe, ist's genug?“ (12, 17 – 12, 18) Da die romantische Liebe auf Ausschließlichkeit („nur du und ich“) und Ewigkeit („für alle Zeiten“) beruht, müssen diese Worte kalt und sarkastisch erscheinen, die Angabe einer Dauer der Gefühle wie blanker Hohn. Ihren Höhepunkt erreicht Leonces Grausamkeit, als er sich nach der Trennung von Rosetta über ihre Tränen lustig macht: „Stelle dich in die Sonne, dass die köstlichen Tropfen krystallisieren, es muss prächtige Diamanten geben. Du kannst dir ein Halsband daraus machen lassen.“ (13, 16 – 13, 19) Durch seinen Zynismus zerstört er all ihre Hoffnungen und verspottet damit das romantische Motiv der Liebe.

[1] Vgl. dazu das Unterkapitel „Ein romantisches Lustspiel?“, S. 75 – 80.

Sinnesfreuden statt Liebe

In seinen Affären sucht Leonce etwas anderes, nämlich bloße – vermutlich vor allem sexuelle – Sinnesfreuden, die ihn von seinem Trübsinn ablenken. Ähnlich wie „Wein“ (11, 8) und „Musik“ (11, 9), an denen er sich auf den nächtlichen Feiern im „reich geschmückte[n] Saal“ (Regieanweisung, S. 11) berauscht, bedeuten ihm auch Frauen kaum mehr als eine Möglichkeit, dem tristen Alltag für eine Weile zu entfliehen. Sobald sie ihren Reiz verloren haben, schickt er sie wieder fort. „Mein Gott, wie viel Weiber hat man nötig, um die Scala der Liebe auf und ab zu singen?“ (14, 19 – 14, 20), klagt er einmal und scheint dabei an eine ganz andere Art der Liebe zu denken. Seine Wertschätzung irdischer Genüsse in der Art des „Epikuräismus“ (13, 16), einer auf den griechischen Philosophen Epikur (341 v. Chr. – 270 v. Chr.) zurückgehenden Lebenseinstellung, die Leonce ausdrücklich nennt, geht so weit, dass er sogar das Ende einer Beziehung auskostet: „O, eine sterbende Liebe ist schöner, als eine werdende“ (13, 9 – 13, 10), erklärt er beim Abschied von Rosetta und fügt geradezu euphorisch hinzu: „Adio, adio meine Liebe, ich will deine Leiche lieben.“ (13, 14 – 13, 15) Sei die Liebe „begraben“, so bleibe doch der zu bewahrende „Eindruck“ von ihr (14, 8 – 14, 9). Jede Empfindung, ob schön oder traurig, scheint ihm willkommen zu sein, solange sie nur seine endlose Langeweile vertreibt.

Leonces Verzweiflung

Erneut zeigt sich, wie unglücklich Leonce insgeheim ist. Er hat sich einen Panzer geschaffen, um sich zu schützen. Hinter all seiner Sinnesfreude, seinem Spott und Sarkasmus gegenüber anderen verbirgt sich eine empfindsame Seele. Hat er sein inneres Leid im Gespräch mit Rosetta noch halbwegs hinter seinen Witzen versteckt, kommt es nach ihrem Abgang unverhohlen zum Ausdruck. Nun wieder allein und ohne Geliebte, verfällt er in Wehmut: „Komm Leonce, halte mir einen Monolog, ich will zuhören“ (15, 1 – 15, 2), fordert er sich selbst auf und lässt damit seine tiefe Zerrissenheit erkennen. Wenn er danach vom „leere[n] Tanzsaal", „verwelkte[n] Rosen", „zerknitterte[n] Bändern" und „geborstene[n] Violinen" (15, 5 – 15, 6) spricht, wird deutlich, dass er des Feierns müde geworden ist. Längst hat er durchschaut, dass all die rauschhaften Feste nur eine vorübergehende Ablenkung, aber keine Lösung sind: „Mein Leben gähnt mich an, wie ein großer weißer Bogen Papier, den ich vollschreiben soll", jammert er, „aber ich bringe keinen Buchstaben heraus." (15, 2 – 15, 4) Entfremdet von sich selbst und ohne wirkliche Ziele, offenbart sich Leonce als hoffnungsloser und verzweifelter Mensch.

derber Humor, Anzüglichkeiten und Kalauer unter Männern

Wie schon in der 1. Szene ändert sich seine Stimmung auch diesmal schlagartig mit Valerios plötzlichem Auftauchen. Der Taugenichts hat den Prinzen heimlich „unter einem Tisch" (15, 16) belauscht und spottet nun über dessen Anwandlungen: Er sei „auf dem besten Weg, ein wahrhafter Narr zu werden" (15, 17 – 15, 18). Und tatsächlich gibt ihm Leonce sogleich Recht und lässt sich von Valerios unbekümmerter, bodenständiger Art animieren: „Der Kerl verursacht mir ganz idyllische Empfindungen; ich könnte wieder mit dem Einfachsten anfangen, ich könnte Käs essen, Bier trinken, Tabak rauchen." (15, 25 – 15, 27) Schnell ist die Traurigkeit vergessen; an die Stelle von bitterem Wehklagen und Sarkasmus tritt der zuweilen derbe Humor von Männern, die unter sich sind. Ging es zuvor schon um kulinarische Genüsse, so amüsieren sich die beiden bald schon über andere Körperlichkeiten und zeigen einmal mehr ihre infantile[1] Ader. Halbwüchsigen gleich, sprechen sie vulgär miteinander – „grunze nicht so mit deinem Rüssel, und klappre mit deinen Hauern nicht so" (15, 28 – 15, 29) –, machen anzüg-

[1] infantil: kindisch, unreif

liche Witze und drohen sich gegenseitig Prügel an. Wie an vielen anderen Stellen liefern sie sich dabei lebhafte Wortgefechte: Sie beleidigen sich mehr oder weniger indirekt (etwa wenn Leonce behauptet, Valerios Vater habe am „Cap Horn Schiffbruch“, 16, 16, erlitten, seine Frau ihm somit „Hörner aufgesetzt“, was eine umgangssprachliche Wendung für Ehebruch ist) und schrecken auch vor Kalauern, also nicht sehr geistreichen Wortspielen, zurück (z. B.: „Valerio: Das ist eine schlagende Antwort und ein triftiger Beweis. – Leonce [...]: Oder du bist eine geschlagene Antwort. Denn du bekommst Prügel für deine Antwort.“, 16, 24 – 16, 27). In einem Satz: Der Prinz und sein Begleiter verhalten sich alles andere als standesgemäß.

Bekanntgabe der Hochzeit – der zentrale Konflikt des Dramas

Dies wird noch deutlicher, als der Staatsrat, angeführt vom Präsidenten, auftritt. Der krasse Gegensatz zwischen Leonces und Valerios Albernheit und der steifen Höflichkeit der Beamten führt zu einer Situationskomik, die nicht zuletzt durch den jeweiligen Sprachgebrauch entsteht. Während der Präsident zunächst nichts anderes tun kann, als den Prinzen mehrfach untertänigst um Aufmerksamkeit zu bitten („Eure Hoheit verzeihen ...“, 17, 6/„Geruhen Eure Hoheit ...“, 17, 14 – 17, 15/„Wollten gnädigst, in Betracht ...“, 17, 19 – 19, 20/„Erlauben Eure Hoheit“, 17, 29 – 17, 30), treibt dieser weiterhin seine ungehörigen Späße. Leonce spricht mit dem Mann voller Überheblichkeit („Ich verzeihe mir die Gutmütigkeit Sie anzuhören“, 17, 7 – 17, 8) und maßregelt ihn wie einen kleinen Jungen („Mein Gott, stecken Sie doch die Hände in die Hosen“, 17, 21), bevor Valerio noch unverschämter wird: „Man darf Kinder nicht während des Pissens unterbrechen“ (17, 24 – 17, 25), spottet er in Richtung des in seiner Rede stockenden Präsidenten und verstößt damit endgültig gegen alle guten Sitten. Umso höflicher, ja unnatürlich geziert wirkt schließlich die königliche Botschaft: „Dass man der zu erwartenden Ankunft von Eurer

Hoheit verlobter Braut, der durchlauchtigsten Prinzessin Lena von Pipi, auf morgen sich zu gewärtigen habe, davon lässt Ihro königliche Majestät Eure Hoheit benachrichtigen“ (17, 32 – 18, 35), verkündet der Präsident und erklärt überdies, dass Leonce am Tag der Eheschließung als Nachfolger seines Vaters Peter zum König des Reiches Popo gekrönt werde (vgl. 18, 16 – 18, 18). Damit ist der zentrale Konflikt in die Handlung eingetreten, wie sich sogleich auch in Leonces Reaktion zeigt.

intensives Spiel mit der Sprache

Denn dieser ist überhaupt nicht erfreut über die Neuigkeiten. Er antwortet dem Präsidenten mit einem verschachtelten, aber nichtssagenden Satz (vgl. 18, 19 – 18, 22) und macht schon dadurch seine Missgunst und Ablehnung deutlich. Außerdem bittet er Valerio, den Staatsrat hinauszubegleiten, während er selbst in demonstrativer Respektlosigkeit sitzen bleibt. Danach liefern sich die beiden Figuren einen verbalen Schlagabtausch, in dem so intensiv wie in keiner anderen Textpassage mit sprachlichen Varianten gespielt wird. Zunächst reagiert Valerio auf Leonces Bitte ums „Geleite“ (18, 27) mit dem beinahe gleich lautenden Wort „Geläute“ (18, 28), nutzt dann die doppelte Bedeutung von „Schelle“ (18, 29) als „Glocke“ und „Ohrfeige“ für einen frechen Scherz, um schließlich die ähnlich klingenden, aber semantisch völlig unterschiedlichen Wörter „führen“ (18, 29) und „vieren“ (18, 30) in einem Satz zu verwenden. Für Leonce Anlass genug, ihn „ein schlechtes Wortspiel“ (18, 31) zu nennen, wobei seine Anrede „Mensch“ (18, 31) auch so aufgefasst werden könnte, dass er hierbei nicht nur seinen Kameraden, sondern alle Menschen im Sinn hat. Den Höhepunkt erreicht die fröhliche Sprachakrobatik zu guter Letzt, als Valerio immer wieder neue Wörter mit dem Stamm „kommen“ (19, 3) aufführt und zu einem spontanen Vortrag verknüpft (vgl. 19, 2 – 19, 11). Das Thema dieses Vortrags ist jedoch keineswegs fröhlich, fasst Valerio doch das Schicksal des einfachen Menschen zusammen, der bis zu seinem Tode vor allem Mühsal und Ungerechtigkeiten erlebt.

Beliebigkeit von Lebensentwürfen

Solche Probleme hat Leonce in seiner privilegierten Stellung nicht. Ihn beschäftigen vielmehr die Pläne seines Vaters. Als Frauenheld und überzeugter Müßiggänger will er weder heiraten noch den Thron besteigen und beratschlagt deshalb mit Valerio, was zu tun sei (vgl. 19, 18–21, 3). Ihr Gespräch wirkt deshalb so absurd, weil es den Anschein erweckt, als könne man sich nach Lust und Laune für eine bestimmte Existenz entscheiden. So überlegen sie sich, ob sie „Gelehrte" (19, 30), „Helden" (20, 4) „Genies" (20, 10) oder „nützliche Mitglieder der menschlichen Gesellschaft" (20, 14–20, 15) werden sollen, um sich schließlich für eine Reise nach „Italien" (21, 3) zu entscheiden.[1] Gerade weil die unterschiedlichsten Lebensentwürfe stakkatoartig[2] genannt und sogleich wieder verworfen werden, erscheint eine Biografie hier austauschbar und beliebig. Dazu passt auch, dass die beiden Figuren keinen der genannten Berufe ernst nehmen. So sei die Position eines Königs „eine lustige Sache", man könne „den ganzen Tag spazieren fahren und den Leuten die Hüte verderben durchs viele Abziehen" (19, 19–19, 21), die Wissenschaft beschäftige sich mit überkommenen Dingen „wie ein altes Märchen" (20, 2), das Heldentum „fuselt abscheulich und bekommt das Lazarettfieber" (20, 6–20, 7) und auch die Kunst sei nicht erstrebenswert, weil man „das Feinste" (20, 12) der Wirklichkeit nicht abbilden könne. Das Leben als Ganzes scheint für Leonce und Valerio keinen Sinn zu haben, sondern lediglich Anlass für ihre endlosen Witze zu sein.

---

[1] Die tief verwurzelte Italiensehnsucht der Deutschen, für die der Bericht „Italienische Reise" (entstanden zwischen 1813 und 1817) des Dichters Johann Wolfgang von Goethe (1749–1832) das wohl berühmteste Zeugnis darstellt, findet ihren Höhepunkt zu Beginn des 19. Jahrhunderts und spiegelt sich auch an dieser Stelle in Büchners Drama wider.

[2] in sehr kurzen zeitlichen Abständen schnell hintereinander

Leonces und Valerios Orientierungslosigkeit (19, 15–21, 3)

Unterschiedliche Lebenskonzepte	Grund dagegen
„Heiraten“ und „König werden“	„lustige Sache“, aber doch nicht das Rechte
„Wissenschaft“	„wie ein altes Märchen“
„Helden werden“	„der Heroismus fuselt abscheulich“, „Lazarettfieber“
„Genies werden“	eigentlich ist jeder ein Genie
„nützliche Mitglieder der Gesellschaft werden“	kommt überhaupt nicht infrage
„Wir gehen nach Italien“	diese Idee wird umgesetzt

→ Lebenskonzepte erscheinen beliebig wählbar, dadurch verliert das einzelne Leben einen höheren Wert, wird sinnlos, lächerlich.

Vierte Szene: Ein Garten

erster Auftritt von Prinzessin Lena

In dieser Szene tritt Prinzessin Lena, die andere Titelfigur, zum ersten Mal auf. Obwohl sie bereits „Brautschmuck“ (Regieanweisung, S. 21) trägt und sich ihrem Schicksal offenbar ergeben hat, ist ihr der Gedanke an die baldige Hochzeit ebenso unerträglich wie ihrem vorgesehenen Bräutigam. Im Gegensatz zu Leonce sehnt sich Lena zwar nach einer innigen Liebe: „O Gott, ich könnte lieben, warum nicht?“, erklärt sie ihrer Gouvernante. „Man geht ja so einsam und tastet nach einer Hand, die einen hielte“ (21, 15–21, 16). Die Vorstellung aber, einen völlig Unbekannten heiraten zu müssen, raubt ihr allen Lebensmut: „[I]ch wollte, der Rasen wüchse so über mich“ (21, 7–21, 8), jammert sie und sagt dann die düsteren Strophen eines Liedes auf: „Auf dem Kirchhof will ich liegen/Wie ein Kindlein in der Wiegen“ (vgl. 21, 11–21, 12). Wenn sie sich kurz darauf sogar auf eine Stufe mit dem „Opferlamm“ (22, 11) stellt, zeigt sich endgültig, dass sie zur Übertreibung und Theatralik neigt. Lena ist eine schwärmerische und romantische Frau. Stark von ihren Gefühlen geleitet, wandelt sie zuweilen naiv und halb träumend durchs Leben.

So verlässt sie sich meist auf ihre Gouvernante (d. h. Erzieherin und Hauslehrerin), die ihr bis zum Schluss der Handlung zur Seite steht. Ähnlich wie Valerio für Leonce ist sie für Lena eine Bezugsfigur, die nicht zuletzt die dramaturgische Aufgabe hat, dass die Gefühle und Gedanken der Protagonistin im gemeinsamen Gespräch geäußert und damit bekannt werden. Anders als Valerio aber, der seinem Herrn immer wieder freche Antworten gibt und sich auch sonst wenig würdevoll verhält, zeigt sich die Gouvernante gegenüber ihrer Schutzbefohlenen rücksichtsvoll und empathisch. Wie eine fürsorgliche Mutter stellt sie sich auf Lenas Befindlichkeiten ein, nennt sie mitfühlend „[a]rmes Kind“ (21, 13) oder „lieber Engel“ (22, 10) und ermuntert sie durch kurze, einfühlsame Nachfragen wie „Nun?“ (22, 2), sich zu offenbaren und das innere Leid zu klagen. Darüber hinaus unterstützt sie die Prinzessin aber auch ganz prak-

die Gouvernante, Lenas Begleiterin

tisch durch Ratschläge. So kommt sie am Ende der Szene auf die Idee, gemeinsam vor der Hochzeit zu fliehen, was sie durch ihre Bemerkung „Ich habe so etwas im Kopf" (22, 20) andeutet. Die Gouvernante erfüllt damit aus handlungstechnischer Sicht nicht nur die Funktion einer Bezugsperson, sondern trägt auch zur Verwicklung der Ereignisse bei.

Zweiter Akt

Das Anfangsmotto

zwei Verse aus Adelbert von Chamissos Gedicht „Die Blinde"

Bei dem Anfangsmotto des 2. Akts handelt es sich um zwei (nicht exakt, vermutlich aus dem Gedächtnis zitierte) Verse aus Adelbert von Chamissos (1781–1838) Gedicht „Die Blinde". In diesem sechsstrophigen Werk des romantischen Dichters beschreibt das lyrische Ich, wie es durch den Verlust seines Augenlichts den wahren Reichtum des Lebens, nämlich die eigene Seele, entdeckt hat und daher tiefe Dankbarkeit empfindet. Die beiden wiedergegebenen Verse berichten von einer „Stimme", „erklungen [i]m tiefsten Inneren" (23, 1–23, 2), die so mächtig und bewegend ist, dass sie, einem mystischen Erwachen gleich, alles „Erinnern" (23, 4) tilgt. Büchner scheint mit den vorangestellten Worten auf die Szene, den zentralen Wendepunkt seines Dramas, einstimmen zu wollen, in der Leonce das erste Mal auf Lena trifft (vgl. 2. Akt, 2. Szene): Auch der Prinz ist von ihrer Stimme und Äußerung zutiefst berührt und findet in diesem Moment seine verborgenen Gefühle – ja seine Seele – wieder.

Erste Szene: Freies Feld

Spott über die Kleinstaaterei in Deutschland in der ersten Hälfte des 19. Jahrhunderts

Die 1. Szene des 2. Akts beginnt mit Leonces und Valerios Wanderung durchs Land. Gemäß ihrem Plan sind sie nach Italien aufgebrochen, um der geplanten Hochzeit zu entgehen – und können nicht ahnen, dass sie gerade dadurch ihr

Schicksal erfüllen. Obwohl sie auf einem „[f]reien Feld“ (Regieanweisung, S. 23) laufen, fühlt sich Leonce „wie in einem engen Spiegelzimmer“ und fürchtet, „überall anzustoßen, dass die schönen Figuren in Scherben auf dem Boden lägen und ich vor der kahlen, nackten Wand stünde“ (23, 9 – 23, 12). Das Motiv der Begrenztheit und Enge, das sich hier als Metapher für den kaum entwickelten Charakter und das verkümmerte Sozialleben des Prinzen auffassen lässt, taucht kurz darauf in anderer Form und Bedeutung erneut auf. In Valerios Feststellung, dass die beiden „schon durch ein Dutzend Fürstentümer, durch ein halbes Dutzend Großherzogtümer und durch ein paar Königreiche gelaufen [sind] und das in der größten Übereilung in einem halben Tage“ (23, 24 – 24, 3), spiegelt sich Büchners Spott über die politischen Verhältnisse seiner Zeit wider. Deutschland glich in der ersten Hälfte des 19. Jahrhunderts einem „Flickenteppich“, bestehend aus etlichen halb autonomen Herrschaftsgebieten. Obwohl manche von ihnen tatsächlich winzig waren, übertreibt Büchner in der Szene natürlich maßlos und äußert dadurch seine Verachtung gegenüber der damaligen Kleinstaaterei, in der er einen Hauptgrund für die Provinzialität und Spießigkeit seiner Landsleute sah. Noch schärfer wird er, wenn er Valerio beim Erreichen einer weiteren Grenze sagen lässt: „[D]as ist ein Land wie eine Zwiebel, nichts als Schalen, oder wie ineinandergesteckte Schachteln, in der größten sind nichts als Schachteln und in der kleinsten ist gar nichts.“ (24, 17 – 24, 20) Einmal mehr zeigt sich im Drama, wie wenig Büchner vom damaligen, längst erstarrten und sinnentleerten Feudalsystem hielt.[1]

nichts als Albernheiten im Kopf

Spott und Sarkasmus kennen auch seine Figuren zur Genüge. Der Prinz und sein Begleiter machen auf ihrer Reise

[1] Vgl. dazu ausführlicher das Unterkapitel „Der historische Kontext“, S. 54 – 58.

nicht nur Witze über die Enge des Landes, sondern necken sich gegenseitig in gewohnter Manier. So fragt Valerio höhnisch, warum Leonce nicht gleich Selbstmord begangen habe bei der Aussicht, „König werden und eine schöne Prinzessin heiraten“ (24, 4–24, 5) zu müssen. „Und Sie leben noch in einer solchen Lage?“, meint er mit trockenem Humor und empfiehlt dann gleich drei Tötungsarten auf einmal, „um es ja nicht zu verfehlen“ (24, 9). Leonce aber, ebenfalls nicht auf den Mund gefallen, rechtfertigt seine Flucht durch „die Ideale“ (24, 10): „Ich habe das Ideal eines Frauenzimmers und muss es suchen.“ (24, 10–24, 11) Büchner ironisiert hier die Ende des 18. Jahrhunderts verbreitete Vorstellung, dass jeder Mensch ein Ideal, einen Inbegriff der Vollkommenheit, in sich trage. Wie groß sein Spott gegenüber solchen erhabenen Konzepten ist, wird spätestens klar, wenn sein Protagonist die idealisierte Frau beschreibt: „Sie ist unendlich schön und unendlich geistlos. […] Es ist ein köstlicher Kontrast. Diese himmlisch stupiden Augen, dieser göttlich einfältige Mund, dieses schafnasige griechische Profil“ (24, 11–24, 15).[1] Kein Zweifel: Die zwei Figuren haben nur Albernheiten im Kopf, nichts scheint ihnen heilig zu sein. So ist es bezeichnend, dass sie erst am Ende der Szene wirkliche Gefühle, ganz frei von Ironie und Doppelsinn, äußern – in dem Moment nämlich, in dem sie ein „Wirtshaus“ entdecken. „Ei du lieber Pack!“,

---

[1] In diesen Sätzen ironisiert Büchner verschiedene Aussagen des Archäologen und Kunstwissenschaftlers Johann Joachim Winckelmann (1717–1768) über das klassizistische Schönheitsideal, das sich nicht zuletzt in antiken Götterstatuen zeige. So sei deren wichtigstes Merkmal nach der viel zitierten Wendung „eine edle Einfalt und eine stille Größe“. Außerdem bildeten bei ihnen „Stirn und Nase beinahe eine gerade Linie“ – Anlass für Leonce, über „dieses schafnasige griechische Profil“ zu spotten. (Vgl. Arnd Beise und Gerald Funk: Georg Büchner: Leonce und Lena. Erläuterungen und Dokumente. Stuttgart: Reclam 2005, S. 44.)

ruft Valerio erfreut aus, „welch ein köstlicher Duft, welche Weindüfte und Bratengerüche!“ (25, 8 – 25, 9)

Lena und die Gouvernante als komplementäre Spiegelung von Leonce und Valerio

Einen auffälligen Kontrast zu diesen Oberflächlichkeiten bilden Lena und ihre Gouvernante, die nach dem Abgang der beiden Männer auftreten. Ebenfalls auf der Flucht in den Süden, unterhalten auch sie sich angeregt miteinander, wirken dabei aber wie eine komplementäre, sich ergänzende Spiegelung von Leonce und Valerio. Anders als der Prinz, der an der Enge der Welt leidet und keinen Blick für die Wunder der Natur hat, hält Lena die Welt für „weit, so unendlich weit“ (25, 25) und beschreibt ihre Umgebung in den schillerndsten Farben: „Was ein roter Schein über den Wiesen spielt von den Kuckucksblumen und die fernen Berge liegen auf der Erde wie rührende Wolken.“ (25, 26 – 26, 2) Auch die beiden Bezugsfiguren unterscheiden sich deutlich: Während Valerio auf der Wanderung vor allem kindische Scherze macht, zeigt sich die Gouvernante besonnen und beweist ihre Bildung, wenn sie Lena mit „der heiligen Odilia“[1] (26, 5) vergleicht, die ihrer von oben angeordneten Hochzeit der Legende nach ebenfalls zu entfliehen versuchte. Und auch sonst verhalten sich die zwei Frauen viel erwachsener als ihre männlichen Gegenparts: Voller Wertschätzung hören sie einander zu, denken vorsorglich an eine mögliche Unterkunft – „wo sollen wir ruhen?“ (25, 17) – und erkennen ernüchtert und selbstkritisch die Abweichung zwischen Buch und Realität (vgl. 25, 20 – 25, 22). Angesichts derartiger Gegensätze stellt sich unwillkürlich die Frage, wie das erste Aufeinandertreffen der vier Personen wohl ablaufen mag.

---

[1] Die heilige Odilia (660 – 720) war eine Äbtissin und wird als Schutzpatronin des Elsass verehrt.

Zweite Szene: Das Wirtshaus auf einer Anhöhe an einem Fluss, weite Aussicht

Leonces Weltschmerz gegenüber Valerios Weinseligkeit

Auch diese Szene setzt mit Leonce und Valerio ein. Mittlerweile haben die beiden das Wirtshaus erreicht und unterhalten sich im Garten davor, während es allmählich dämmert. Passend zur abendlichen Stimmung hat Leonce jede Fröhlichkeit verloren, seine vorherige Albernheit ist tiefem Trübsinn gewichen. Beim Anblick alter Menschen, ihrer „greisen, freundlichen Gesichter“ (26, 15), erfasst ihn das Gefühl der Vergeblichkeit seines bisherigen Lebens: „Ich bekomme manchmal eine Angst“, gesteht er Valerio, „und könnte mich in eine Ecke setzen und heiße Tränen weinen aus Mitleid mit mir.“ (26, 19 – 26, 21) Sehnlichst wünscht er sich eine Aufgabe, die ihn bis zum Ende erfüllen und seiner Existenz Sinn geben würde: „Die Hälfte meines Lebens soll ein Gebet sein, wenn mir nur ein Strohhalm beschert wird, auf dem ich reite, wie auf einem prächtigen Ross, bis ich selbst auf dem Stroh liege.“ (27, 22 – 27, 25) Wie nicht anders zu erwarten, kann Valerio wenig mit solchen Gedanken anfangen. Selbst schon angetrunken, reicht er dem Prinzen kurzerhand Wein und preist dessen Vorzüge: „Diese Flasche ist keine Geliebte, keine Idee, sie macht keine Geburtsschmerzen, sie wird nicht langweilig, wird nicht treulos, sie bleibt eins vom ersten Tropfen bis zum letzten. Du brichst das Siegel und alle Träume, die in ihr schlummern, sprühen dir entgegen.“ (27, 17 – 27, 21) In keiner anderen Szene sind die beiden Männer weiter voneinander entfernt, allzu sehr unterscheidet sich Leonces Weltschmerz von der Weinseligkeit seines Freundes: „Ich weiß nicht, was Ihr wollt“, erklärt Valerio denn auch, als der Prinz seine Beklemmung angesichts der aufziehenden Dunkelheit äußert, „mir ist ganz behaglich zumut.“ (28, 3 – 28, 4)

Im Anschluss daran treten auch die zwei Frauen auf. Es kommt zur ersten Begegnung der Titelfiguren, einem zentralen Wendepunkt der Handlung. Bereits ihre Platzierung in der sechsten von insgesamt elf Szenen und damit genau in der Mitte des Dramas weist auf ihre Bedeutung hin. Dabei verläuft diese Begegnung ungleich subtiler und feiner als jene der beiden Begleitpersonen. Während sich Valerio und die Gouvernante ein kindisches Gezänk liefern, in dem er sich unter anderem über ihre große Nase, den „Rüssel“ (28, 16), lustig macht, sprechen Leonce und Lena gar nicht direkt miteinander. Der Prinz vernimmt die an die Gouvernante gerichtete Frage der Prinzessin „Meine Liebe, ist denn der Weg so lang?“ (28, 25) und antwortet gedankenverloren: „O, jeder Weg ist lang! Das Picken der Totenuhr in unserer Brust ist langsam und jeder Tropfen Blut misst seine Zeit und unser Leben ist ein schleichend Fieber. Für müde Füße ist jeder Weg zu lang …“ (28, 26 – 28, 29) In seinem momentanen Gemütszustand fasst er den gehörten Satz metaphorisch auf und bezieht ihn allgemein auf den langen und beschwerlichen Lebensweg eines jeden Menschen. Weil Lena diese Metaphorik sogleich weiterführt und ausschmückt – „[u]nd für müde Augen jedes Licht zu scharf und müde Lippen jeder Hauch zu schwer […] und müde Ohren jedes Wort zu viel“ (28, 30 – 28, 33) –, empfindet sie offenbar ganz ähnlich wie er. Es scheint, als hätten sich zwei verwandte Seelen getroffen.

zentraler Wendepunkt: erste Begegnung der Titelfiguren

Auch nach ihrem Abgang kann Leonce die junge, ihm unbekannte Frau nicht vergessen, immer wieder muss er an ihre Stimme und Äußerung denken: „Es reden viele Stimmen über die Erde“, erklärt er Valerio, „und man meint, sie sprächen von andern Dingen, aber ich hab sie verstanden.“ (29, 8 – 29, 10) Überzeugt, dass Lena mit ihrer scheinbar alltäglichen Frage eine existenzielle, ihm selbst bitter bekannte Wahrheit ausgedrückt hat, ist er stark berührt und fühlt sich endlich gesehen. Die vernommene Stimme klingt in ihm so

Erwachen von Leonces Gefühlen

zauberhaft nach, dass er sie auf eine göttliche Ebene hebt: „Sie ruht auf mir wie der Geist, da er über den Wassern schwebte, eh das Licht ward" (29, 10–29, 12), sagt er pathetisch und spielt damit auf den biblischen Schöpfungsbericht an.[1] So erinnert Leonce an das lyrische Ich des Gedichts, aus dem Büchner zum Auftakt des 2. Akts zitiert (vgl. 23, 1–23, 4). Ähnlich der „Blinden" Chamissos, die durch eine „[i]m tiefsten Innern" (23, 2) erklungene Stimme zum eigentlichen, bewussten Leben erwacht, spürt auch der Prinz einen elementaren Wandel in sich: „Welch Gären in der Tiefe, welch Werden in mir, wie sich die Stimme durch den Raum gießt." (29, 12–29, 14) Endlich scheint er sich aus seiner emotionalen Erstarrung zu lösen und einen Zugang zu seinen Gefühlen zu finden. Valerio freilich reagiert gewohnt sarkastisch auf solche Bekenntnisse: „Der Weg zum Narrenhaus ist nicht so lang" (29, 15), stellt er lapidar fest und tritt mit seinem Freund kurz darauf ab.

Dritte Szene: Ein Zimmer

Lenas Mitleid für Leonce

Auch Lena hat die Begegnung mit Leonce zutiefst bewegt. Mittlerweile mit ihrer Gouvernante im Wirtshaus einquartiert, geht ihr der fremde Mann, der einen so traurigen Eindruck auf sie gemacht hat, nicht mehr aus dem Kopf. „Er war so alt unter seinen blonden Locken. Den Frühling auf den Wangen, den Winter im Herzen." (29, 23–29, 24) In ihrer sensiblen Art spürt sie, wie verzweifelt er war, und empfindet großes Mitleid: „Es kommt mir ein entsetzlicher Gedanke, ich glaube es gibt Menschen, die unglücklich sind, unheilbar, bloß weil sie sind." (30, 1–30, 3) Überwältigt von ihren Gefühlen, hält sie es im Zimmer bald nicht mehr aus. Wie eine Pflanze braucht sie die freie Natur, alles

[1] Die ersten Sätze des Alten Testaments lauten: „Im Anfang schuf Gott Himmel und Erde; die Erde aber war wüst und wirr, Finsternis lag über der Urflut, und Gottes Geist schwebte über dem Wasser." (Gen 1,1–1,2)

in ihr drängt nach draußen in die Nacht. „Die Wände fallen auf mich“ (30, 12), erklärt sie der Gouvernante am Ende.

Erste Begegnung zwischen Leonce und Lena (28, 25 – 28, 32)

„[I]st denn der Weg so lang?“ (28, 25): „Schlüsselsatz“ – die beiden Titelfiguren fühlen sich miteinander verbunden, voneinander verstanden

Leonces Reaktion (29, 1 – 29, 14):	**Lenas Reaktion (29, 23 – 30, 12):**
• kann Lena nicht vergessen • wiederholt Lenas Frage • fühlt sich seelenverwandt • hofft auf Erlösung durch Lena	• kann Leonce nicht vergessen • ist von seiner Traurigkeit berührt • sieht sich in ihm gespiegelt • hofft womöglich, ihm helfen zu können

→ Leonce und Lena erkennen sich in ihrem Leiden über die Sinnlosigkeit ihrer Existenz als seelenverwandt und verlieben sich ineinander.

Vierte Szene: Der Garten

drei Nachtschwärmer in traumhafter Atmosphäre

In dieser Szene erreicht das Drama seinen romantischen Höhepunkt. Schon die Regieanweisung zu Beginn – „Der Garten. Nacht und Mondschein“ (30) – vermittelt eine traumhafte Atmosphäre, welche auf die drei auftretenden Figuren allerdings ganz unterschiedlich wirkt. Im Gegensatz zum wenig sensiblen Valerio, der wegen der unreinen Betten und schnarchenden Gäste im Wirtshaus einen Schlafplatz im Freien sucht, aber auch hier wegen der „Schnaken“ (30, 15), der quakenden „Frösche“ (30, 17) und zirpenden „Feldgrillen“ (30, 18) keine behagliche Ruhe findet, ist Leonce tief bewegt: „O Nacht“, schwärmt er euphorisch, „balsamisch wie die erste, die auf das Paradies herabsank.“ (30, 21 – 30, 22) Noch ergriffener ist Lena, die mit der zauberhaften Stimmung förmlich verschmilzt. Auf dem Rasen sitzend, murmelt sie Sätze von großer Bildhaftigkeit vor sich hin, die aus ihrem tiefsten Inneren kommen und nur assoziativ miteinander verknüpft sind (vgl. 30, 24 – 31,

8). So vergleicht sie den Mond mit einem „schlafende[n] Kind“ (31, 1–31, 2) und muss dabei offenbar an Leonce denken, spricht sie doch ähnlich wie in der vorangegangenen Szene erneut von „goldnen Locken“ (31, 2). Mit mütterlicher Sorge kreisen ihre Gedanken auch jetzt um den Unbekannten: „Armes Kind, kommen die schwarzen Männer bald dich holen?“ (31, 5–31, 6), fragt sie beklommen, um dann resigniert zu schließen: „Ach es ist traurig, tot und so allein.“ (31, 7–31, 8)

der romantisch-gespenstische Höhepunkt des Dramas

Leonce, der sich der Prinzessin unbemerkt genähert hat, nimmt ihren Gemütszustand auf und führt die düstere, mit Todessehnsucht durchtränkte Symbolik fort: „Steh auf in deinem weißen Kleid und wandle hinter der Leiche durch die Nacht und singe ihr das Totenlied.“ (31, 9–31, 10) Wie bei ihrer ersten Begegnung unterhalten sich die Titelfiguren nicht direkt, sondern verstehen sich auf einer anderen, intuitiven Ebene, so als kommunizierten ihre Seelen miteinander. Ihr Austausch ist denn auch mehr von Gefühlen als von Gedanken geprägt, scheint den Regeln des Unbewussten zu folgen – bezeichnenderweise fällt wiederholt das Wort „Traum“ (31, 12, 14 und 15). Gespenstisch wie in einem Traum kommt es schließlich auch zum Höhepunkt des Dramas. „So lass mich dein Todesengel sein. Lass meine Lippen sich gleich seinen Schwingen auf deine Augen senken“, sagt Leonce, bevor er Lena das erste Mal küsst, um danach ebenso unheimlich fortzufahren: „Schöne Leiche, du ruhst so lieblich auf dem schwarzen Bahrtuch der Nacht, dass die Natur das Leben hasst und sich in den Tod verliebt.“ (31, 17–31, 21) In diesem Moment der Intimität nehmen die beiden voreinander gleichsam alle Masken ab und zeigen sich in ihrer existenziellen Verzweiflung – Liebe und Tod fallen zusammen. Allerdings nicht für lange, denn Lena schreckt vor so viel Lebensverneinung zurück, „springt auf“ und sucht mit dem Ausruf „Nein, lass mich“ (31, 22) vorerst das Weite.

Leonces Ernüchterung nach dem missglückten Selbstmordversuch

Leonce aber ist nach der Begegnung wie beseelt. Überzeugt davon, dass der Kuss mit der Prinzessin nicht zu überbieten ist – „[m]ein ganzes Sein ist in dem einen Augenblick“ (31, 23 – 24) –, will er sein Leben beenden, um ihn für alle Ewigkeit zu bewahren: „Dieser eine Tropfen Seligkeit macht mich zu einem köstlichen Gefäß.“ (31, 29 – 31, 30) Voller Pathos stürzt er zum Fluss, wird aber noch rechtzeitig von Valerio aufgehalten und muss dann dessen Spott ertragen: „Ist denn Eure Hoheit noch nicht über die Lieutenantsromantik hinaus [...]?“ (32, 2 – 32, 3) Erst jetzt erkennt Leonce, wie übertrieben seine Reaktion war, und gibt seinem Freund recht. Ähnlich wie in der 3. Szene des 1. Aktes, als er nach seinem wehmütigen Monolog durch Valerios Witze neue Lebensfreude gewonnen hat (vgl. 15, 16 – 15, 29), lässt er sich auch diesmal von der unbeschwerten Art des anderen anstecken und findet zu seinem alten Humor zurück: „Mensch, du hast mich um den schönsten Selbstmord gebracht“ (32, 11 – 32, 12), entgegnet er ironisch. „Jetzt bin ich schon aus der Stimmung.“ (32, 14 – 32, 15)

Ernüchtert und von allen theatralischen Anwandlungen geheilt, äußert Leonce schließlich einen denkbar banalen Wunsch: „Der Himmel beschere mir einen recht gesunden, plumpen Schlaf." (32, 27–32, 28) So romantisch die Szene begonnen hat, so nüchtern endet sie nun.

Dritter Akt

Erste Szene: Leonce, Valerio

Valerios rettender Einfall

Nach der Selbstmord-Episode, die wegen ihrer Kürze und des raschen Sinneswandels der Hauptfigur wie eine Farce, also eine eingeschobene Karikatur, wirkt, folgt die weitere Handlung dem typischen Verlauf eines romantischen Lustspiels. Unsterblich in Lena verliebt, will Leonce sie bald heiraten (auch Lena hat offenbar schon eingewilligt) und rechtfertigt seinen Entschluss gegenüber dem skeptischen Freund mit feierlichen Worten: „Weißt du auch, Valerio, dass selbst der Geringste unter den Menschen so groß ist, dass das Leben noch viel zu kurz ist, um ihn lieben zu können?" (33, 3–33, 5) Ungewohnte Töne aus seinem Mund. Offenbar ist Leonce durch die Begegnung mit Lena ein anderer – gefühlvoller – Mensch geworden. Und auch wenn er sich einen ironischen Kommentar zur Institution der Ehe nicht verkneifen kann (vgl. 33, 5–33, 10), scheint er es mit seiner Absicht ernst zu meinen. Damit sind die Probleme aber keineswegs gelöst, wie durch Valerios Nachfragen deutlich wird. Weil die zwei Liebenden ihre eigentliche Identität noch immer nicht kennen, haben sie keinen Grund, auf den „Ehesegen[]" (33, 21) durch König Peter zu hoffen. Nicht ahnend, dass sie das „richtige", von ihm vorgesehene Brautpaar sind, müssen sie mit seiner Ablehnung rechnen. In dieser schier aussichtslosen Situation hat Valerio die rettende Idee. Wie sich später herausstellen soll, stammt von ihm der Einfall mit der Maskerade, der die Hochzeit im Königreich Popo doch noch ermöglichen wird.

Ähnlich der Gouvernante, die auf eine Lösung in Lenas Not kam (vgl. 1. Akt, 4. Szene), erfüllt somit auch Leonces Begleiter eine handlungsentscheidende Rolle. So selbstlos wie die Gouvernante ist Valerio allerdings nicht: Er verlangt einen Posten im Kabinett des frisch gekrönten Königs, wenn sein Plan aufgeht. Bei seinem Abgang spielt er mit dieser Berufung auch schon in typisch närrischer Weise: „Der arme Teufel Valerio empfiehlt sich Sr. Exzellenz dem Herrn Staatsminister Valerio von Valeriental.“ (34, 1 – 34, 3)

Zweite Szene: Freier Platz vor dem Schlosse des Königs Peter

erneute Diskrepanz zwischen äußerlichem Schein und eigentlichem Sein

Nachdem die Handlung lange Zeit im Süden, häufig in der freien Natur oder einem zauberhaften Garten, gespielt hat, kehrt sie nun wieder zurück in das triste Reich Popo. In Erwartung des Brautpaars erteilen der Landrat und der Schulmeister den in einer Reihe aufgestellten und zum Jubelempfang abkommandierten Bauern letzte Instruktionen. Wie in der 2. Szene des 1. Akts, in der König Peter als Witzfigur auftrat, entsteht die komische Wirkung erneut durch den Widerspruch zwischen Sein und Schein. Obwohl für alle Beteiligten „im Programm“ (34, 19) die offizielle Weisung steht, sich „von freien Stücken“ (34, 20) und „mit zufriedenen Gesichtern“ (34, 21) einzufinden und sich auf den großen Empfang gebührend zu freuen, herrscht in Wahrheit eine Atmosphäre von Lustlosigkeit, Pflicht und Zwang, die nur durch „Spiritus“ (34, 8), also Alkohol, ertragen wird. Außerdem

soll die jubelnde Menge durch einen fadenscheinigen Trick größer erscheinen, als sie tatsächlich ist: „[D]er Hinterste läuft immer wieder vor den Vordersten, dass es aussieht, als wärt Ihr ins Quadrat erhoben." (34, 13–34, 15) Keine Frage: Über eine solche Diskrepanz zwischen eitlem Anspruch und profaner Wirklichkeit kann man lachen.

laute Anklage statt leichter Humor

Weniger lustig ist allerdings, wie demütigend die Hofbeamten mit den Bauern umgehen. In keiner anderen Szene prangert Büchner die Ungerechtigkeiten seiner Zeit so unverhohlen an wie hier.[1] Zunächst werden die Untertanen entmenschlicht, wenn sie in ihrer Masse wie ein „Tannenwald" (34, 11) erscheinen sollen, dann wie kleine Kinder behandelt – „schneuzt Euch die Nasen nicht mit den Fingern" (34, 22) –, denen man Prügel androht: „[Z]eigt die gehörige Rührung, oder es werden rührende Mittel gebraucht werden." (35, 1–35, 2) Dabei wirkt das scheinbar harmlose Wortspiel mit „Rührung" und „rührende Mittel" im Kontext des Gemeinten besonders zynisch. Dieser Zynismus wird kurz darauf noch übertroffen, als das arme und hungernde Volk dankbar sein soll, die Adligen beim öffentlichen Essen betrachten zu dürfen: „Erkennt, was man für Euch tut, man hat Euch grade so gestellt, dass der Wind von der Küche über Euch geht und Ihr auch einmal in Eurem Leben einen Braten riecht."[2] (35, 3–35, 5) Eine letzte Demütigung erfahren die Bauern am Ende der Szene, wenn sie die Silben „Vi!" (35, 7) und „Vat!" (35, 9) papageiengleich wiederholen müssen. „Sie sehen wie die Intelligenz im Steigen ist", scherzt der Schulmeister spöttisch. „Bedenken Sie, es ist Latein." (35, 12–35, 13) Das Lachen ist den meisten Leserinnen und Lesern an dieser Stelle aber wohl längst vergangen.

---

[1] Vgl. dazu das Unterkapitel „Der historische Kontext", S. 54–58.

[2] Zur Doppeldeutigkeit dieses Satzes vgl. das Unterkapitel „Der historische Kontext", S. 54–58.

Dritte Szene: Großer Saal

Witzeleien beim Warten auf den König

Vergnüglicher beginnt die nächste Szene. Die Hofleute und die zur Hochzeit geladene Festgesellschaft, „geputzte Herren und Damen sorgfältig gruppiert“ (Regieanweisung, S. 35), warten in einem großen Saal des Schlosses ungeduldig auf die Ankunft des Königs. Dabei scherzen der Zeremonienmeister und der Zweite Bediente in einem fort über die bereits vergangene Zeit und spielen sich die Sätze und Pointen gegenseitig zu, wie man es sonst nur von Leonce und Valerio kennt. Die Bandbreite ihres Humors reicht von krassen Übertreibungen („Den Bauern wachsen die Nägel und der Bart wieder“, 35, 20) über anzügliche Doppeldeutigkeiten (z. B. wenn die ermüdeten Ehrenjungfrauen angeblich „das horizontale Verhalten dem senkrechten vorzöge[n]“, 36, 1 – 36, 2) bis hin zur infantilen, wenig vornehmen Direktheit („Sage doch dem Herrn Kandidaten, er möge seine Buben einmal das Wasser abschlagen lassen“, 36, 6 – 36, 7). Im Gegensatz zur vorherigen Szene lässt sich hier unbeschwert lachen, die Atmosphäre ist heiter. Bei aller Grobheit sind die Witze über die zur Feier Geladenen doch viel harmloser als die gemeinen Scherze gegenüber den Bauern. Und einige sind in ihrer Bildhaftigkeit auch überaus lustig: „Sie sehen in ihren weißen Kleidchen aus wie erschöpfte Seidenhasen“, beschreibt der Zeremonienmeister einmal die wartenden Frauen, „und der Hof-Poet grunzt um sie herum wie ein bekümmertes Meerschweinchen.“ (36, 2 – 36, 4)

Lächerlichkeit des Königs Peter und seines Reiches

Amüsant geht es auch weiter, nachdem König Peter mit seinem Staatsrat endlich erschienen ist. Überrascht von der Nachricht, dass Prinz und Prinzessin verschwunden sind, lässt er die Grenzen seines Landes überwachen, und zwar direkt vom Saal aus – ein weiterer ironischer Seitenhieb Büchners auf die damalige Kleinstaaterei. Doch so winzig die Fläche, so langweilig auch der Alltag: „Ein Hund, der seinen Herrn sucht, ist durch das Reich gelaufen“ (37,

1 – 37, 2), vermeldet einer der Posten. Und der zweite macht eine kaum interessantere Entdeckung: „Es geht jemand auf der Nordgrenze spazieren, aber es ist nicht der Prinz, ich könnte ihn erkennen." (37, 4 – 37, 5) Zur Banalität der Ereignisse im Reich Popo passt auch sein Herrscher. Wie schon in der Ankleideszene (1. Akt, 2. Szene) ist Peter auch in dieser Situation mehr Kasper als König. Zuerst zwingt er sich trotz der ergebnislosen Suche zur Freude, weil dies nun mal sein „Beschluss" (37, 23) für den feierlichen Tag war – „O ich bin außerordentlich froh!" (37, 24 – 37, 25) Dann aber schlussfolgert er „logisch" (38, 7), dass eine Vermählung ohne Brautpaar nicht möglich ist, und wird „ganz melancholisch" (38, 16 – 38, 17). Mussten sich seine Untertanen kurz zuvor noch mit „Ihrer Majestät" (38, 19) freuen, so wird ihnen nun befohlen, ebenfalls traurig zu sein. „Denjenigen, welche kein Schnupftuch bei sich haben, ist das Weinen jedoch Anstands halber untersagt." (38, 20 – 38, 21) Die allgemeine Stimmung schlägt aber bald wieder um, als ein Beobachter zu guter Letzt doch etwas Wichtiges erspäht: „Es ist etwas wie ein Vorsprung, wie eine Nase, das Übrige sehe ich noch nicht über der Grenze; und dann seh ich noch einen Mann und dann noch zwei Personen entgegengesetzten Geschlechts." (38, 22 – 38, 25) Kein Zweifel: Die Gouvernante, unverwechselbar durch ihre große Nase, wurde im Gefolge der anderen gesichtet.

die Frage nach dem Ich des Menschen

Und wirklich treten nun Leonce und Lena mitsamt ihren Begleitern auf – alle vier Figuren als Automaten, das heißt hier in Gestalt mechanischer Puppen, verkleidet. Der darauffolgende Dialog zwischen König Peter und Valerio kreist um die Identität des Menschen und damit um eines der zentralen Themen neuzeitlicher Philosophie. Auf Peters Frage „Wer seid Ihr?" (38, 29) kann Valerio nicht konkret antworten, offenbar ist ihm sein Ich fremd und rätselhaft: „Bin ich das? oder das? oder das?", entgegnet er grübelnd, während er eine Maske nach der anderen abnimmt. „Wahrhaftig ich bekomme Angst, ich könnte mich so ganz auseinanderschälen und blättern." (38, 31 – 38, 33) Im Gegensatz zum König, der an eine Antwort fest glaubt – „aber etwas müsst Ihr denn doch sein?" (39, 1 – 39, 2) –, hat Valerio offenbar die Vergeblichkeit der Frage erkannt. Das Entfernen endloser Masken symbolisiert die Unmöglichkeit, das innerste Ich, gleichsam das Wesen eines Menschen, zu „ent-decken". In einem eindrucksvollen Bild ist in der Szene das Aufeinandertreffen der traditionellen, Ich-zentrierten Philosophie (repräsentiert durch Peter) mit der modernen, Ich-skeptischen Philosophie (repräsentiert durch Valerio) dargestellt.[1]

Identität als gesellschaftliches Konstrukt

Aufschlussreich in diesem Zusammenhang ist, dass das Wort „Person" vom lateinischen „persona" – die „Maske des Schauspielers" – stammt. Bei der Person eines Menschen, seiner sozialen Identität, handelt es sich nicht um sein „innerstes Ich", sondern um eine im Umgang mit anderen gewachsene Hülle. Dies hat offenbar auch Valerio begriffen, wenn er auf Peters wiederholte Frage antwortet: „Aber meine Herren hängen Sie alsdann die Spiegel herum und verstecken Sie Ihre blanken Knöpfe etwas und sehen Sie mich nicht so an, dass ich mich in Ihren Augen spiegeln

[1] Vgl. dazu das Unterkapitel „Das Drama ‚Leonce und Lena' als Vorläufer der literarischen Moderne", S. 80 – 86.

muss, oder ich weiß wahrhaftig nicht mehr, wer ich eigentlich bin." (39, 3–39, 7) Die Person entsteht, so ließen sich diese Sätze interpretieren, erst im gesellschaftlichen Spiegel, durch den Blick der anderen – repräsentiert aber gerade deshalb nicht mehr das „eigentliche Ich".

Kritik an der (Adels-) Gesellschaft

Dieser Aspekt der sozialen Bestimmtheit der Identität wird noch deutlicher, als Valerio „die zwei weltberühmten Automaten" (39, 11–39, 12) vorstellt, hinter deren Masken sich Leonce und Lena verbergen. Kreiste sein Gespräch mit König Peter noch um philosophische Fragen, so lässt sich sein anschließender, über eine Textseite langer Vortrag (vgl. 39, 10–40, 15) als mehr oder weniger direkte Kritik an der (Adels-)Gesellschaft auffassen. Valerio rühmt „Kunst und Mechanismus" (39, 22–39, 23) der beiden Automaten in den höchsten Tönen: „Die Personen sind so vollkommen gearbeitet, dass man sie von andern Menschen gar nicht unterscheiden könnte, wenn man nicht wüsste, dass sie bloße Pappdeckel sind" (39, 26–39, 29). Gerade weil die Automaten aus einfachsten Teilen wie „Uhrfedern" (39, 23), „Walzen und Windschläuche[n]" (39, 18–39, 19) gebaut seien, verhöhnt Valerio den König und seinen Staatsrat mit der Behauptung, man könne sie „zu Mitgliedern der menschlichen Gesellschaft machen" (39, 30–39, 31). Dazu bedarf es offenbar nicht viel: „[M]an drückt ein klein wenig und die Mechanik läuft volle fünfzig Jahre." (39, 25–39, 26) Noch spöttischer wird Valerio, wenn er die Charakterzüge der beiden Automaten beschreibt: Sie seien „sehr edel" (39, 31), „sehr moralisch" (39, 32) und „sehr gebildet" (40, 6–40, 7), hätten „ein gutes Gewissen" (40, 4) und „ein feines sittliches Gefühl" (40, 3), seien also mit allen Vorzügen der Adeligen und Vornehmen ausgestattet. Valerio begründet diese Eigenschaften allerdings durch Banalitäten und nimmt ihnen damit jeden höheren Wert. So sei Pünktlichkeit ein Zeichen für Moral (vgl. 39, 32–40, 1), „eine gute Verdauung" (40, 1–40, 2) weise auf ein reines Gewissen hin und Bildung zeige sich bei der Frau durch das Singen „alle[r] neuen Opern" (40, 7) und beim Mann durch das Tragen von „Manschetten" (40, 8).[1] In Wirklichkeit, so scheint er insgeheim sagen zu wollen, sind auch die „wirklichen" Menschen nichts anderes als fremdgesteuerte Automaten, kleine Zahnräder im mächtigen Uhrwerk des Staates.[2]

Entzauberung der Liebe

Sogar die Liebe zwischen Mann und Frau wird von Valerio auf einen rein mechanischen Vorgang reduziert und verliert dadurch jeglichen Zauber: „[D]er Herr hat der Dame schon einige Mal den Shawl getragen", erklärt er mit Blick auf die zwei Automaten, „die Dame hat schon einige Mal die Augen verdreht und gen Himmel geblickt. Beide haben schon mehrmals geflüstert: Glaube, Liebe, Hoffnung!" (40, 10 – 40, 14) Im krassen Gegensatz zur üblichen Vorstellung

---

1 Das Automatenmotiv erfüllt nicht nur eine werkimmanente, handlungslogische Funktion, sondern spiegelt darüber hinaus eine damalige Modeerscheinung wider und ist auch deshalb ein wichtiges Element der Gesellschafts- und Staatskritik in Büchners Drama: Mechanische Kunstmenschen, die eine bestimmte Tätigkeit wie etwa Tanzen oder das Spielen eines Musikinstruments ausführen konnten, waren in der ersten Hälfte des 19. Jahrhunderts überaus populär und übten insbesondere am Hofe große Faszination aus, sahen sich die Adeligen doch gespiegelt in den Figuren. (Vgl. dazu Jörg Jochen Berns: Zeremoniellkritik und Prinzensatire. Traditionen der politischen Ästhetik des Lustspiels „Leonce und Lena". In: Georg Büchner: Leonce und Lena. Kritische Studienausgabe. Hrsg. von Burghard Dedner. Frankfurt a. M.: Athenäum 1987, S. 219 – 274; hier: S. 233 – 235.)

2 Büchner schließt mit dem Automatenmotiv an einer beliebten Tradition der Romantik an, treten solche künstlichen Menschen doch in zahlreichen Werken dieser Epoche auf. Sie repräsentieren die um 1800 rasant fortschreitende Technisierung der Welt, der die meisten Romantiker mit einer ambivalenten Haltung aus Unbehagen und Faszination gegenüberstanden. Zwei bekannte Beispiele für diese Werke sind E. T. A. Hoffmanns (1776 – 1822) Erzählung „Die Automate" (1814), in der eine zur Schau gestellte mechanische Puppe, ein „redender Türke", das Fragen stellende Publikum durch selbstgesprochene und teils originelle Antworten verblüfft, und seine Erzählung „Der Sandmann" (1816), in der sich der Protagonist, der Student Nathanael, in eine Puppe namens Olimpia verliebt, ohne ihr künstlich-mechanisches Wesen zu erkennen.

erscheint die Liebe hier als stupide, seelenlose Abfolge einzelner Stufen. Ist sie für Romantiker und Romantikerinnen ein immer wieder neuer, einzigartiger Glücksfall zwischen zwei Menschen, folgt sie bei Büchner einem anonymen Programm. Zu dessen Vollendung bedarf es allerdings noch eines weiteren Schritts, nämlich der christlichen Trauung: „[E]s fehlt nur noch ein einziges Wörtchen: Amen." (40, 15)

Hochzeit „in effigie" – eine komische Farce

Und wirklich hat König Peter eine Idee, um die geplante Vermählung doch noch zu ermöglichen und sich gemäß seinem „Beschluss" (40, 24) zu „freuen" (40, 25). Er ordnet eine Heirat „in effigie"[1] (40, 22) an, bei der die zwei vorgestellten Automaten das abwesende Brautpaar Leonce und Lena symbolisch repräsentieren sollen. So kommt es auch in Büchners Drama gegen Ende der Handlung zu einer Hochzeit, wie es typisch für romantische Lustspiele ist. Keineswegs typisch ist aber die Lächerlichkeit der abgehaltenen Zeremonie: Vom Hofprediger und Valerio zusammen durchgeführt, erinnert sie eher an die Darbietung zweier Komiker als an einen feierlichen Akt. Während der Erste zunächst ergriffen „gen Himmel" (40, 28) blickt und dann „in der größten Verwirrung" zu stottern beginnt: „Wenn wir, oder, aber" (41, 3), macht sich der Zweite über die „vermaledeiten Gesichter" (41, 1) des anderen lustig und beginnt dann eine weit ausholende Rede: „Es war vor Erschaffung der Welt –" (41, 6) Vom König sogleich unterbrochen und zur Kürze aufgefordert, übernimmt der Hofprediger wieder und vollzieht die Trauung nun in geradezu grotesker Geschwindigkeit (vgl. 41, 10 – 41, 15) bis zum abschließenden „Ja"-Wort (41, 15) der Brautleute. Valerio bleibt am Ende

[1] lat. Ausdruck, der *im* oder *als Bildnis* bedeutet. In der Rechtsgeschichte wurde die Wendung gebraucht, wenn die Hinrichtung eines flüchtigen Verurteilten nur symbolisch durchgeführt wurde. Im Rahmen der urteilsmäßigen Exekution wurde dabei das Bildnis des abwesenden Verbrechers beispielsweise öffentlich an den Galgen gehängt, verbrannt oder geköpft.

nur ein Resümee: „Gut gemacht, kurz und bündig", erklärt er, um dann erneut auf die Schöpfungsgeschichte anzuspielen – und die versammelten Adeligen nebenbei zu beleidigen: „[S]o wäre denn das Männlein und das Fräulein erschaffen und alle Tiere des Paradieses stehen um sie." (41, 17 – 41, 19)

fallende Masken und allgemeine Freude

Für Empörung über Valerios verbale Spitze ist keine Zeit, weil die Masken gleich nach der Vermählung fallen und Leonce und Lena ihre Identität offenbaren. Im Gegensatz zum Leser/zur Leserin erkennen die Figuren erst jetzt, dass die von König Peter angeordnete Hochzeit ganz real stattfand: Der Prinz hat die Prinzessin geheiratet – Anlass zur allgemeinen Freude! Die Gouvernante ist gerührt und sieht ihrem Ende nun „ruhig" (42, 7) entgegen. Peter, ebenfalls glücklich über die unerwartete Wendung, dankt wie angekündigt ab und zieht sich mit seinem Staatsrat zurück, um sich künftig ganz der Philosophie zu widmen (vgl. 42, 8 – 42, 17). Sein Sohn, der neue König Leonce, schickt die Festgesellschaft, auch im Namen seiner „Gemahlin" (42, 18), nach Hause, auf dass am nächsten Tag „der Spaß noch einmal von vorn" (42, 24) beginne. Und wenn er dann im Kreis seiner Begleiter über seine Regierungsgeschäfte nachdenkt, bleibt kein Zweifel mehr, dass er sie eher mit kindischem Witz als mit majestätischer Würde ausführen wird. So nennt er seine Untertanen „Puppen und Spielzeug" (42, 27) und überlegt, ob er sie zu Soldaten (vgl. 42, 28 – 42, 29), Politikern (vgl. 42, 29 – 42, 31) oder Schauspielern (vgl. 43, 1 – 43, 3) machen soll – ganz so, als wären sie beliebig formbar. Noch weltfremder zeigt er sich, als er mit Rücksicht auf die Neigungen Lenas von einem Reich ohne „Uhren" (43, 4) und „Kalender" (43, 5) fantasiert, in dem das ganze Jahr über das milde Klima Italiens herrscht und mediterrane Pflanzen gedeihen (vgl. 43, 6 – 43, 11). Valerio ist freilich begeistert und spinnt die utopischen Pläne sogleich weiter: Als „Staatsminister" (43, 12), erklärt er am Ende, werde er anstrengende Arbeit verbieten lassen und stattdessen „Gott um Makkaroni, Melonen und Feigen, um musikalische Kehlen, klassische Leiber und eine kommode Religion" (43, 18–43, 20) bitten. Keine Frage, der unverbesserliche Müßiggänger sieht sich bereits im Schlaraffenland.

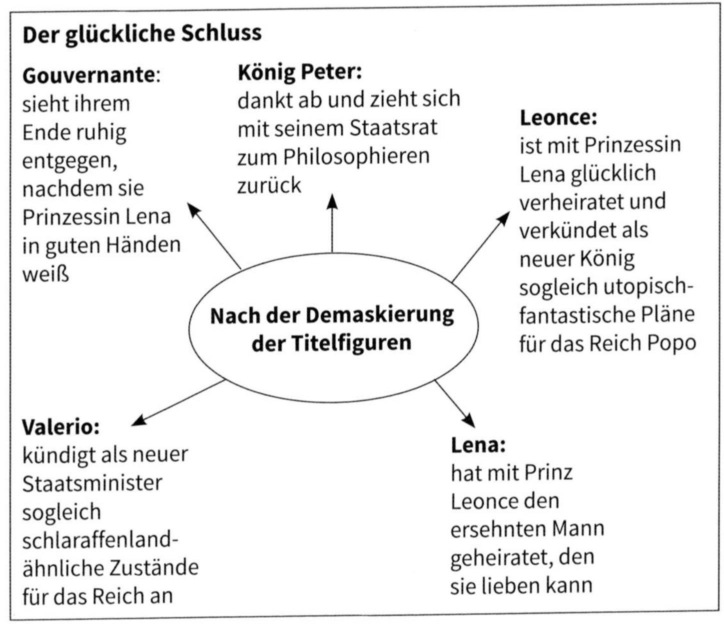

Ein typisches Happy End?

Auf den ersten Blick scheint hier also ein typischer Komödienschluss vorzuliegen: Die beiden Verliebten heiraten unter dem Segen des Königs und sehen sich im „Paradies" (41, 28) angekommen, alle Probleme sind gelöst, alle Sorgen verflogen, ein geradezu perfektes Happy End! – Betrachtet man jedoch den Ausgang der Handlung vor dem Hintergrund des zentralen Konflikts, verhält es sich nicht mehr so einfach. Da die zu Beginn vom König beschlossene Hochzeit, der die Protagonisten unbedingt entgehen wollten, am Ende ohne ihr Wissen vollzogen wurde, könnte man den Schluss sogar als Katastrophe bezeichnen, was allerdings jeder Komödientheorie widerspräche. Einmal mehr entzieht sich das Drama somit einer eindeutigen Kategorisierung.

Determinismus und Fatalismus – Büchners Geschichtsverständnis

Aufschlussreich bei der Betrachtung des Endes ist Büchners Geschichtsverständnis, das er auch dem Handlungsverlauf anderer Werke, insbesondere seines Revolutionsdramas „Dantons Tod", zugrunde gelegt und im sog. „Fatalismusbrief" formuliert hat: „Ich fühlte mich wie zernichtet unter dem grässlichen Fatalismus der Geschichte", schrieb er im März 1834 an seine Verlobte Minna Jaeglé nach einer durchlittenen depressiven Phase. „Ich finde in der Menschennatur eine entsetzliche Gleichheit, in den menschlichen Verhältnissen eine unabwendbare Gewalt, Allen und Keinem verliehen. Der Einzelne nur Schaum auf der Welle, die Größe ein bloßer Zufall, die Herrschaft des Genies ein Puppenspiel, ein lächerliches Ringen gegen ein ehernes[1] Gesetz, es zu erkennen das Höchste, es zu beherrschen unmöglich."[2] Jeder Mensch sei seiner Bestimmung unterworfen, ohne Möglichkeit, sich aktiv gegen den Lauf der – allgemeinen wie persönlichen – Geschichte zu wehren. Sein Leben hänge von der Willkür einer anonymen Macht ab, die ihn zur bloßen Puppe in einem „Puppenspiel" mache. Diesen Determinismus erfahren im wörtlichen Sinn auch die Titelfiguren von Büchners Lustspiel, wenn sie am Ende als Automaten verkleidet ihr Schicksal erfüllen. „O Vorsehung!" (42, 1), ruft Lena nach der Trauung und Demaskierung nicht zufällig aus. Offenbar hat sie eine Ahnung vom „eherne[n] Gesetz" der Geschichte bekommen.

---

1 ehern: erzen, aus Erz bestehend; hier in der Bedeutung: unbeugbar fest

2 Georg Büchner: Werke und Briefe. München: dtv 1988, S. 288

Hintergründe

Der historische Kontext

zentrale Bedeutung des historischen Kontexts für das Verständnis des Dramas

Auch wenn Georg Büchners Drama „Leonce und Lena" häufig als romantische Komödie bezeichnet wird, spielt es nur scheinbar in einer ausschließlich imaginierten Welt, die keinen Bezug zu den damaligen historischen Verhältnissen hat. Man sollte sich weder durch die infantilen Namen der Königreiche „Popo" und „Pipi" noch durch die fantastische Handlung wie das Auftreten der Figuren als Automaten oder das märchenhafte Happy End täuschen lassen – der historische Kontext des Stückes lässt sich tatsächlich an etlichen Stellen nachweisen und ist für dessen Verständnis überaus wichtig.

Übergang von der Feudalgesellschaft zur bürgerlichen Gesellschaft

1836, also zur Zeit, in der Büchner das Drama „Leonce und Lena" schrieb, befand sich Europa im Übergang von der Feudalgesellschaft zur bürgerlichen Gesellschaft. Die Ereignisse rund um die Französische Revolution (1789–1799), die den gesamten Kontinent erschüttert hatte, prägten nach wie vor das politische und kulturelle Klima. Nachdem das französische Volk 1789 – beginnend etwa mit dem Sturm auf die Bastille am 14. Juli – auf die Barrikaden gegangen war, um die absolutistische Herrschaft von König Ludwig XVI. (1754–1793) gewaltsam zu beenden, entwickelten die Menschen auch in den Nachbarländern ein Gespür für die sozialen Missstände und begehrten zunehmend gegen die verkrusteten Monarchien auf. In Büchners Stück wird diese nicht mehr zeitgemäße Herrschaftsform des Adels durch König Peter und seine Minister karikiert, die mit ihren erstarrten Ritualen und Sprachfloskeln eher Witzfiguren als Menschen aus Fleisch und Blut ähneln (vgl. insbesondere 1. Akt, 2. Szene). Die gesellschaftlichen Ungerechtigkeiten kommen vor allem in der 2. Szene des 3. Aktes zum Ausdruck, wenn die höfischen Beamten die wartenden Bauern wie Kinder behandeln („[k]ratzt Euch nicht hinter den Ohren und schneuzt Euch die Nasen nicht mit den Fingern“; 34, 23 – 34, 24) und ihnen recht unverhohlen Gewalt androhen („zeigt die gehörige Rührung, oder es werden rührende Mittel gebraucht werden“; 35, 1 – 35, 2). Zynisch erscheint auch ihre angebliche Großzügigkeit, mit der sie die hungernden Untertanen in den „Wind von der Küche“ stellen, damit auch sie in ihrem Leben einmal „einen Braten riech[en]“ (35, 4 – 35, 5). Büchner spielt hier auf die damals übliche Sitte der „offenen Tafel“ an, bei der das Volk die Herrschenden beim Essen betrachten konnte. Aber auch die Redewendung „einen Braten riechen“ im Sinn von „einer Lüge auf der Spur sein“ schwingt bei diesen Sätzen mit und erinnert an die revolutionäre Stimmung der damaligen Zeit.

Kleinstaaterei in Deutschland

Dabei unterschied sich die politisch-geografische Situation Deutschlands grundsätzlich von jener der meisten anderen europäischen Länder. Im Gegensatz etwa zu England und Frankreich, wo sich im Laufe der Zeit Zentralstaaten gebildet hatten, war das Gebiet Deutschlands in der ersten Hälfte des 19. Jahrhunderts ein „Flickenteppich“, bestehend aus etlichen weitgehend autonomen Kleinstaaten. Auch diese Besonderheit ist im Drama karikiert, und zwar in der 1. Szene des 2. Aktes, wenn Leonce und Valerio auf der Flucht „schon durch ein Dutzend Fürstentümer, durch ein halbes Dutzend Großherzogtümer und durch ein paar Königreiche gelaufen [sind] und das in der größten Übereilung in einem halben Tage“ (23, 24 – 24, 3). Obwohl manche dieser Reiche tatsächlich sehr klein waren, übertreibt Büchner hier natürlich maßlos – und zeigt dadurch seine spöttische Verachtung gegenüber der damaligen Kleinstaaterei, in der er einen Hauptgrund für die Provinzialität und Spießigkeit seiner Landsleute sah. Dieser Spott spiegelt sich auch in den Sätzen Valerios wider, nachdem erneut ein Herrschaftsgebiet durchquert worden ist: „Teufel!

Da sind wir schon wieder auf der Grenze; das ist ein Land wie eine Zwiebel, nichts als Schalen, oder wie ineinandergesteckte Schachteln, in der größten sind nichts als Schachteln und in der kleinsten ist gar nichts." (24, 17–24, 20)

die 1833 stattgefundene Hochzeit im Großherzogtum Hessen-Darmstadt

Bei einer dieser kleinen leeren „Schachteln" handelt es sich um das Großherzogtum Hessen-Darmstadt, in dem Büchner geboren wurde und aufwuchs. Vor dem Hintergrund einiger historischer Details wird deutlich, dass dieser Kleinstaat als Vorlage für das Königreich Popo diente.[1] So erinnert König Peter in seinem Desinteresse an den Regie-

[1] Vgl. zu den Parallelen ausführlicher Christian Neuhuber: Georg Büchner. Das literarische Werk. Berlin: Erich Schmidt 2009, S. 116 f.

Das Großherzogliche Residenzschloss von Nordwesten

rungsgeschäften und seiner Unsicherheit im öffentlichen Auftreten stark an den Großherzog Ludwig II. (1777 – 1848; regiert ab 1830), über den Ähnliches berichtet wird. Noch auffälliger sind die Parallelen zwischen der Dramenhandlung und den dokumentierten Ereignissen rund um die 1833 stattgefundene Hochzeit des hessischen Erbgroßherzogs Ludwig (1806 – 1877; regiert als Ludwig III. ab 1848) und Prinzessin Mathilde Karoline von Bayern (1813 – 1862). Die Analogien lassen sich bis in Einzelheiten verfolgen: So gleicht die Bekanntgabe der Vermählung durch den Präsidenten im Drama in ihrer gespreizten, umständlichen Ausdrucksweise[1] sehr dem „Allerhöchsten Erlass“ des Großherzogs Ludwig II.[2] Leonce trennt sich vor der Hochzeit von seiner Geliebten Rosetta, ganz ähnlich wie der Erbgroßherzog Ludwig seine Mätresse „entsorgt“[3]. Das spalierstehende Volk, welches das Brautpaar jubelnd empfangen muss und dem ein Blick auf die „offene Tafel“ gewährt wird, findet im Drama ebenfalls seine Erwähnung (vgl. 3. Akt, 2. Szene). Und selbst die Tatsache, dass die Verlobung „in effigie“, hier in Abwesenheit

Ludwig II. von Hessen-Darmstadt

[1] „An dem Tage der Vermählung ist ein höchster Wille gesonnen, seine allerhöchsten Willensäußerungen in die Hände Eurer Hoheit niederzulegen.“ (18, 16 – 18, 18)

[2] „Es gereicht Uns zur besonderen Genugtuung, Unseren lieben und Getreuen, Ständen des Großherzogtums, hiervon zu benachrichtigen, indem wir Uns überzeugt halten, dass Dieselben aufs Innigste die Freude teilen werden, die Wir über ein Ereignis empfinden, das, wie Wir zu hoffen alle Ursache haben, ebenso sehr das Glück Unseres Großherzoglichen Hauses befestigen, als für Unser Volk von segensreichem Einfluss sein wird.“ (Georg Büchner: Leonce und Lena. Marburger Ausgabe. Band 6. Hrsg. von Burghard Dedner. Darmstadt: Wissenschaftliche Buchgesellschaft 2003, S. 419)

[3] Christian Neuhuber: Georg Büchner. Das literarische Werk. Berlin: Erich Schmidt 2009, S. 116

des Bräutigams durch die Überreichung eines Bildes an die Braut, vollzogen wurde, wird in „Leonce und Lena“ aufgegriffen (vgl. 40, 16). Angesichts solcher Parallelen ist mit einiger Sicherheit davon auszugehen, dass die Hochzeit von Ludwig und Mathilde eine der Ideenquellen für Büchners drei Jahre später entstandenes Drama war.

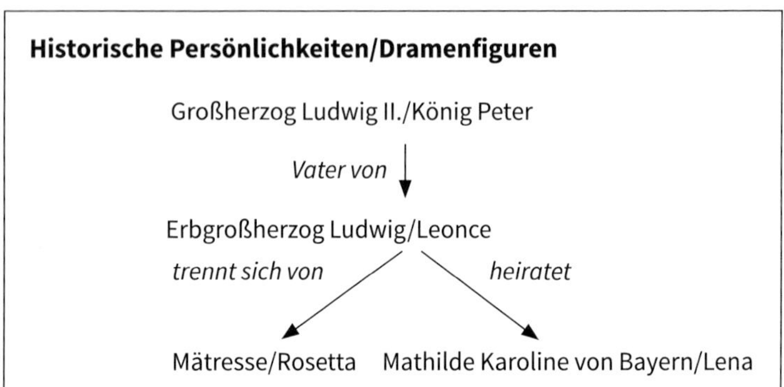

Büchners Lebensstationen

1813 – 1831: Kindheit und Jugend

Karl Georg Büchner kam am 17. Oktober 1813 im zum Großherzogtum Hessen-Darmstadt gehörenden Dorf Goddelau als erstes Kind des Arztes Karl Ernst Büchner und dessen Ehefrau Louise Caroline, geborene Reuß, zur Welt. Ihm folgten noch sieben Geschwister, von denen jedoch zwei kurz nach der Geburt starben. 1816 zog die Familie in die Residenzstadt Darmstadt, wo der Vater seine Stelle als Bezirksarzt antrat. Nachdem Büchner zuvor vermutlich heimischen Elementarunterricht bei seiner Mutter erhalten hatte, wurde er 1821 eingeschult. Bereits in der Grundschule, der neu gegründeten „Privaterziehungs- und Unterrichtsanstalt“ in Darmstadt, lernte er Latein und Griechisch. Diese humanistisch geprägte Ausbildung wurde im Großherzoglichen Gymnasium Darmstadt, in das er 1825 eintrat, fortgesetzt und vertieft. Dabei spiegelte sich die gesellschaftliche Atmosphäre jener Zeit, die von einer wachsenden Unzufriedenheit mit den politischen Verhältnissen bestimmt war, auch im Klima des Gymnasiums wider. Eine ganze Generation wurde durch die Ereignisse im nachrevolutionären Frankreich, insbesondere durch die Julirevolution von 1830 und deren Folgen, politisiert. Die Beschäftigung mit dem Nachbarland führte zu immer lauterer Kritik am verkrusteten Feudalsystem im eigenen Land. Auch Büchner zeigte sich in seiner Schulzeit als jugendlicher Revolutionär mit Jakobinermütze und schloss sich 1828 einem literarischen Schülerzirkel an, in dem hauptsächlich oppositionelle Ideen diskutiert wurden. Zum Semesterabschluss 1830 hielt er eine Rede zur Verteidigung des Cato von Utica, der aus Liebe zur Freiheit Selbstmord begangen hatte, da er die römische Republik durch die Herrschaft Cäsars gefährdet sah. Im Frühjahr 1831 verließ Büchner das Gymnasium mit einem eher durchschnittlichen Abiturzeugnis, aus dem die guten Noten in Deutsch und Geschichte hervorstachen.

Georg Büchner (1813 – 1837)

Auf Anraten und Vermittlung seines Vaters schrieb er sich im Herbst 1831 in die medizinische Fakultät der Straßburger Universität ein. Während des zweijährigen Aufenthalts in Frankreich lebte er beim evangelischen Pfarrer Johann Jakob Jaeglé, einem entfernten Bekannten der Familie mütterlicherseits. Im Frühling 1832 verlobte er sich heimlich mit der drei Jahre älteren Pfarrerstochter Louise Wilhelmine, genannt Minna. Rückblickend nannte Büchner diesen Aufenthalt in Straßburg die glücklichste Zeit seines Lebens. In der 50.000-Einwohner-Stadt herrschte ein weltoffenes, intellektuell und kulturell lebendiges Klima, das aber auch von sozialen Unruhen gekennzeichnet war. Während Büchner die sich

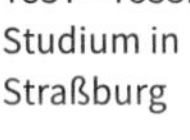

1831 – 1833: Studium in Straßburg

Büchners Verlobte Louise Wilhelmine Jaeglé (1810 – 1880)

Straßburg (Lithografie um 1845)

überschlagenden gesellschaftlichen und politischen Ereignisse um ihn herum beobachtete und sich auch mit frühsozialistischen Theorien beschäftigte, verstärkte sich seine revolutionäre Gesinnung. So hielt er im Mai 1832 vor der theologischen Studentenverbindung Eugenia, der er als „dauerhafter Gast" („hospes perpetuus") angehörte, einen Vortrag, in dem er „die Verderbtheit der deutschen Regierungen" anprangerte.

1833–1835: Studium in Gießen, Aufenthalt in Darmstadt

Da Büchner den hessischen Gesetzen entsprechend nur zwei Jahre im Ausland studieren durfte, setzte er das Studium im November 1833 an der Universität Gießen fort. Den Wechsel von Straßburg in die provinzielle, gerade mal 7.000 Einwohner zählende hessische Kleinstadt muss er wie einen Kulturschock erlebt haben. Getrennt von seiner Verlobten, konfrontiert mit der Rückständigkeit und den Ungerechtigkeiten des Obrigkeitsstaates und auch vom Studienangebot enttäuscht, wurde er hier wiederholt von

Friedrich Ludwig Weidig

starken Depressionen heimgesucht. Da die Kommilitonen darüber hinaus weit weniger radikale Ansichten vertraten als er selbst, gründete Büchner im Frühjahr 1834 die „Gesellschaft für Menschenrechte“, eine revolutionäre Geheimorganisation nach französischem Vorbild. Kurze Zeit später schrieb er die Flugschrift „Der Hessische Landbote“[1], in der die Bauern zum Aufstand gegen die herrschenden Verhältnisse aufgerufen wurden. Vom Butzbacher Rektor und Oppositionellen Friedrich Ludwig Weidig (1791 – 1837) stark überarbeitet, wurde die Kampfschrift im Sommer 1834 in den umliegenden Dörfern verteilt. Nachdem Karl Minnigerode (1814 – 1894), einer der Mitverschwörer, mit 140 Exemplaren gefasst und verhaftet worden war, geriet auch Büchner zunehmend ins Visier der Behörden: Sein Zimmer wurde in seiner Abwesenheit durchsucht, tags darauf wurde er verhört, aber mangels Beweisen nicht verhaftet. Anfang 1835, in einer Zeit der höchsten Gefahr, verfasste er, mittlerweile nach Darmstadt ins Elternhaus zurückgekehrt, in nur fünf Wochen sein Drama „Dantons Tod“, in dem er sich kritisch mit seiner revolutionären Vergangenheit auseinandersetzte. Kurz nach Abschluss des Werkes, für das er auf Empfehlung des Literaturredakteurs Karl Gutzkow sogleich einen Verlag fand, kam er mehreren richterlichen Vorladungen nicht nach. Anfang März 1835 konnte sich Büchner dem polizeilichen Zugriff durch die Flucht nach Frankreich gerade noch rechtzeitig entziehen.

1835 – 1836: Exil in Straßburg

Sein erzwungener zweiter Aufenthalt in Straßburg war um einiges sorgenvoller als der erste. Zur permanenten Angst, dass er als politischer Flüchtling kein Bleiberecht erhalten und nach Deutschland ausgeliefert werden würde (im Juni

[1] Für dieses und alle weiteren genannten Werke vgl. auch das Unterkapitel „Büchners Themen“, S. 64 – 69.

2493. Steckbrief.

Der hierunter signalisirte Georg Büchner, Student der Medizin aus Darmstadt, hat sich der gerichtlichen Untersuchung seiner indicirten Theilnahme an staatsverrätherischen Handlungen durch die Entfernung aus dem Vaterlande entzogen. Man ersucht deßhalb die öffentlichen Behörden des In- und Auslandes, denselben im Betretungsfalle festnehmen und wohlverwahrt an die unterzeichnete Stelle abliefern zu lassen.

Darmstadt, den 13. Juni 1835.

Der von Großh. Hess. Hofgericht der Provinz Oberhessen bestellte Untersuchungs-Richter, Hofgerichtsrath

Georgi.

Personal-Beschreibung.

Alter: 21 Jahre,
Größe: 6 Schuh, 9 Zoll neuen Hessischen Maases,
Haare: blond,
Stirne: sehr gewölbt,
Augenbraunen: blond,
Augen: grau,
Nase: stark,
Mund: klein,
Bart: blond,
Kinn: rund,
Angesicht: oval,
Gesichtsfarbe: frisch,
Statur: kräftig, schlank,
Besondere Kennzeichen: Kurzsichtigkeit.

Büchners Steckbrief im „Frankfurter Journal“ am 18. Juni 1835

1835 wurde er im Großherzogtum Hessen steckbrieflich gesucht), kamen auch Unsicherheiten, die seine berufliche Zukunft betrafen. Darüber hinaus hatte sich sein Vater von ihm abgewandt, als er von den konspirativen Handlungen und der Flucht seines Sohns erfahren hatte, und gestattete lediglich Geldsendungen durch die Mutter. Trotz dieser Unterstützung zeigte Büchner in dieser Zeit einen schier unglaublichen Arbeitseifer, um sein Leben selbstbestimmt zu finanzieren. Nachdem er im Sommer 1835 zwei Dramen des französischen Schriftstellers Victor Hugo (1802 – 1885) ins Deutsche übersetzt hatte, machte er sich im Herbst an die Ausarbeitung seiner „Lenz"-Erzählung, legte diese im Winter jedoch unvollendet zur Seite, um mit seiner Dissertation über das Nervensystem der Barbe, eines in den Flüssen Straßburgs sehr verbreiteten Fisches, zu beginnen. Kurz nach dem Abschluss der Doktorarbeit Ende Mai 1836 begann er mit der Niederschrift des Dramas „Leonce und Lena", mit dem er an einem von der Cotta'schen Verlagsbuchhandlung ausgeschriebenen Literaturwettbewerb teilnehmen wollte. Er verpasste aber den auf den 1. Juli festgelegten Einsendeschluss um zwei Tage, sodass sein Manuskript ungeöffnet zurückschickt wurde. In den darauffolgenden Monaten erweiterte Büchner das ursprünglich zweiaktige Drama um einen weiteren Akt, begann parallel dazu mit der Arbeit an seinem sozialkritischen Drama „Woyzeck" und bereitete außerdem eine philosophiegeschichtliche Vorlesung vor, die er in Zürich halten wollte.

1836 – 1837: letzte Monate in Zürich

Tatsächlich verließ Büchner am 18. Oktober 1836 sein französisches Exil und siedelte in die Schweiz über. Nach seiner Promotion und einer öffentlichen Probevorlesung, die er unter dem Titel „Über Schädelnerven" gehalten hatte, wurde er im November 1836 zum Privatdozenten an der Philosophischen Fakultät der Universität Zürich ernannt. In seinem ersten Seminar hielt er eine Vorlesung über die vergleichende Anatomie der Fische und Amphibien. Bereits in diesen Wochen zeichnete sich eine erfolgreiche akademische Karriere ab, was schließlich zur Versöhnung mit dem Vater führte. Neben der wissenschaftlichen Tätigkeit nahm Büchner auch seine literarische Arbeit wieder auf. Vor allem schrieb er an seinem Drama „Woyzeck" weiter, konnte es aber nicht fertigstellen. Nach der bedrückenden Zeit in Straßburg eröffnete sich ihm nun eine gesicherte und vielversprechende Zukunft. Doch Ende Januar 1837 erkrankte er an Typhus, möglicherweise hatte er sich bei seinen Forschungsarbeiten an Tierpräparaten infiziert.

„Georg Büchner's Grab und Denkstein unter der ‚Deutschen Linde' bei Zürich" (Stahlstich von A. Limbach, um 1876)

Nach einigen Tagen im Fieberdelirium starb er am 19. Februar 1837 im Beisein seiner Verlobten. Georg Büchner wurde gerade einmal 23 Jahre alt.

Büchners Themen

großes Themenspektrum

Die Darmstädter Ausstellung zu Georg Büchners 150. Todestag trug den Titel „Revolutionär, Dichter, Wissenschaftler". Diese Begriffe vermitteln eine Ahnung von Büchners breiter Schaffenskraft. Zu seinem Werk gehören eine revolutionäre Flugschrift, drei Dramen und eine Erzählung; außerdem hat er zwei Stücke Viktor Hugos ins Deutsche übersetzt, ein medizinisches Studium abgeschlossen und eine naturwissenschaftliche Dissertation geschrieben. Diese Leistung ist umso bemerkenswerter, wenn man bedenkt, dass Büchner in seiner produktivsten Zeit als politischer Flüchtling im Exil lebte und bereits im Alter von 23 Jahren gestorben ist. Im Folgenden sollen die Themen, die seine Arbeit bestimmen, anhand der oben genannten Begriffe vorgestellt werden.

Büchners Werk lässt sich nur vor dem Hintergrund der damaligen gesellschaftlichen und politischen Verhältnisse angemessen begreifen. Es entstand in den 30er-Jahren des 19. Jahrhunderts, also in der Zeit des Vormärz. Diese Epoche Deutschlands auf der Schwelle vom Agrar- zum Industriestaat war geprägt von Armut und Not weiter Bevölkerungsteile. Gegen den spätabsolutistischen Obrigkeitsstaat formierte sich eine wachsende liberale Bewegung, die den sozialen Missständen den Kampf ansagte. Auch Büchner entdeckte bald seine revolutionäre Ader. „Wenn in unserer Zeit etwas helfen soll, so ist es *Gewalt*", schrieb er 1833 an die Familie. „Wir wissen, was wir von unseren Fürsten zu erwarten haben. Alles, was sie bewilligen, wurde ihnen durch die Notwendigkeit abgezwungen. Und selbst das Bewilligte wurde uns hingeworfen, wie eine erbettelte Gnade und ein elendes Kinderspielzeug, um dem ewigen Maulaffen *Volk* seine zu eng geschnürte Wickelschnur vergessen zu machen."[1] 1834 gründete er die geheime „Gesellschaft für Menschenrechte" und verfasste noch im gleichen Jahr den „Hessischen Landboten", in dem er die Ungerechtigkeiten im Großherzogtum Hessen anprangerte und die unterdrückten Bauern unter der Parole „Friede den Hütten – Krieg den Palästen!" zum aktiven Widerstand gegen die herrschende Klasse aufrief. Unter großer Gefahr wurde die Flugschrift durch Gleichgesinnte in den Dörfern um Gießen verbreitet.

Revolutionär:

Armut und Not

politische und soziale Missstände, Ungerechtigkeiten

aktiver Widerstand, Revolution gegen Obrigkeitsstaat

Als die Gruppe aufflog, viele Mitverschwörer verhaftet wurden und auch Büchner nicht mehr sicher vor den Behörden war, gab er seine revolutionären Pläne ernüchtert auf und wandte sich verstärkt der Dichtung zu. Dabei umkreisen seine literarischen Werke die gleichen Themen, die ihn auch bislang bewegten. So reflektiert er in seinem 1835 entstandenen Drama „Dantons Tod", das in der Zeit der

Dichter:

[1] Georg Büchner: Werke und Briefe. München: dtv 1988, S. 278

Danton vor dem Revolutionstribunal (zeitgenössischer Stich)

Reflexionen über die Revolution

Französischen Revolution, fünf Jahre nach dem Sturm auf die Bastille, spielt, über Sinn, Rechtfertigung und Chancen politischer Umsturzversuche. Unverkennbar in der Rolle des ebenfalls desillusionierten Revolutionärs Danton, der auf seine Hinrichtung durch das Tribunal Robespierres wartet, durchlebt Büchner seine revolutionäre Vergangenheit noch einmal in der Literatur. In dem 1836 geschriebenen Drama „Leonce und Lena" wiederum karikiert er die verkrustete Kleinstaaterei seiner Zeit. Unter dem Deckmantel harmloser Fröhlichkeit und zahlloser literarischer Anspielungen übt er hier beißende Kritik an der höfischen Gesellschaft mit ihren sinnentleerten, um sich selbst kreisenden Ritualen und Zeremonien.

Kritik an höfischer Gesellschaft

Doch zu seinen Figuren gehören nicht nur berühmte Revolutionäre und vornehme Adlige, sondern – für die damalige Literatur ungewöhnlich – auch Menschen am Rand der Gesellschaft. So handelt seine 1835 begonnene, Fragment gebliebene Erzählung „Lenz" vom Aufenthalt des schizophrenen Dichters Jakob Michael Reinhold Lenz beim Pfarrer Oberlin im vogesischen Steintal. Und auch in dem 1836 geschriebenen, ebenfalls unvollendeten Drama „Woyzeck"

Menschen am Rande der Gesellschaft

steht ein Mensch mit tragischem Schicksal im Zentrum: Hier wird der einfache Soldat Woyzeck nach einer Reihe von physischen und psychischen Demütigungen zum Mörder an seiner ihm untreuen Freundin. Vor allem in diesen beiden Werken folgt Büchner seiner zutiefst humanistischen Kunstauffassung, die er seinem Protagonisten Lenz in den Mund legt: „Man muß die Menschheit lieben“, fordert dieser in der Erzählung, „um in das eigentümliche Wesen jedes einzudringen, es darf einem keiner zu gering, keiner zu häßlich sein, erst dann kann man sie verstehen“[1].

humanistische Gesinnung

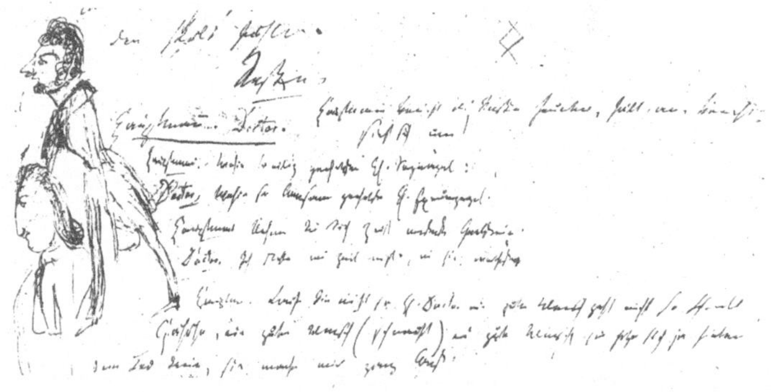

Aus Büchners „Woyzeck“-Handschriften

Büchners menschenfreundliche Gesinnung wird ergänzt durch den nüchternen Blick des Wissenschaftlers, den er sich im Lauf der Jahre angeeignet hat. Nach der Schulzeit absolvierte er ein Studium der Medizin, verfasste später eine Dissertation über das Nervensystem von Fischen und beschäftigte sich außerdem intensiv mit Philosophie und Geschichte. Dieses breit gefächerte Spektrum an wissenschaftlichen Themen kommt auch in seinem literarischen Werk zum Ausdruck.

Wissenschaftler:

Medizin, Naturwissenschaft, Philosophie und Geschichte

[1] Georg Büchner: Lenz. In: Ders.: Werke und Briefe. München: dtv 1988, S. 135 – 158; hier: S. 145

Vor allem in „Lenz“ und in „Woyzeck“ zeigt sich Büchners Interesse für Menschen, die abseits der gesellschaftlichen Norm leben. Selbst phasenweise von Depressionen heimgesucht, schildert er die psychischen Störungen dieser Titelfiguren mit großer Empathie, gleichzeitig aber auch sezierend genau. Seine Beschreibungen von schizophrenen und paranoiden Erkrankungen sind so plastisch und detailliert, dass sie nicht nur literatur-, sondern auch medizingeschichtlich aufschlussreich sind.

psychische Störungen

Dabei führt er die Ursachen dieser Krankheiten nicht auf das Verhalten des jeweils Betroffenen zurück, sondern auf die sozialen Verhältnisse. Geprägt von der philosophischen Lehre des Positivismus, die sich auf objektiv erkennbare Tatsachen stützt, hielt er den Menschen für ein Produkt seiner Umweltbedingungen. Aus dieser Perspektive ist das individuelle Leben determiniert, also vorherbestimmt. Konzepte wie „freier Wille“ oder „persönliche Verantwortung“ erscheinen demnach illusionär. „*Ich verachte niemanden*“, schreibt Büchner in einem Brief an die Familie, „am wenigsten wegen seines Verstandes oder seiner Bildung, weil es in niemands Gewalt liegt, kein Dummkopf oder kein Verbrecher zu werden, – weil wir durch gleiche Umstände wohl alle gleich würden, und weil die Umstände außer uns liegen.“[1]

Positivismus

Determinismus

Eng verbunden mit dieser Weltsicht ist ein düsterer Geschichtsfatalismus, wie ihn Büchner insbesondere in „Dantons Tod“ dargestellt hat. Nachdem die Revolution ihre Freiheitsideale verloren hat und in eine blutige Schreckensherrschaft umgeschlagen ist, muss die Titelfigur des Stückes erkennen, dass der Mensch den Verlauf der Geschichte nicht beeinflussen kann. Jeder ist der anonymen Dynamik des Weltgeschehens hilflos ausgeliefert. „Der Einzelne nur Schaum auf der Welle“, schreibt Büchner in einer Phase

Geschichtsfatalismus

[1] Georg Büchner: Werke und Briefe. München: dtv 1988, S. 285

großer Hoffnungslosigkeit an seine Verlobte, „die Größe ein bloßer Zufall, die Herrschaft des Genies ein Puppenspiel, ein lächerliches Ringen gegen ein ehernes Gesetz, es zu erkennen das Höchste, es zu beherrschen unmöglich."[1]

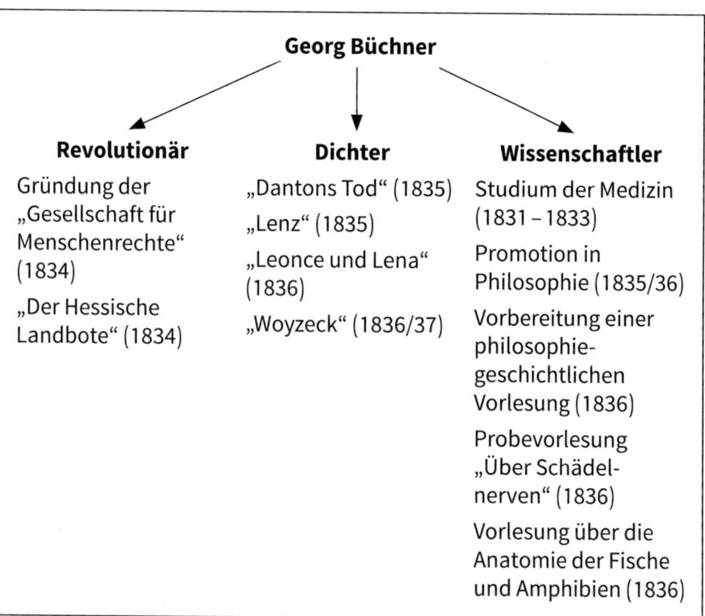

Entstehungsgeschichte und Erstdrucke des Dramas „Leonce und Lena"

Entstehungs-geschichte: Wettbewerbs-beitrag

Wie die meisten Werke Büchners entstand auch sein Drama „Leonce und Lena" unter zeitlichem Druck. Die Cotta'sche Verlagsbuchhandlung hatte im Januar 1836 einen Wettbewerb für „das beste ein- oder zweiaktige Lustspiel in Prosa

[1] Ebd., S. 288

oder Versen" ausgeschrieben, an dem Büchner, wohl nicht zuletzt wegen des Preisgeldes von 300 Rheinischen Gulden,[1] teilnahm. Aufgrund anderer Verpflichtungen – so musste er zunächst noch seine naturwissenschaftliche Dissertation abschließen und drei damit zusammenhängende Vorträge vorbereiten – nahm er die Arbeit an seinem Beitrag aber vermutlich erst im Juni auf und verpasste den auf den 1. Juli festgelegten Einsendeschluss um zwei Tage.

Erweiterung auf drei Akte

Nachdem sein Manuskript ungeöffnet zurückgeschickt worden war, erweiterte er es in den nachfolgenden Monaten zu einem dreiaktigen Drama. Seinem Bruder Wilhelm teilte er Anfang September in einem Brief mit, er sei „gerade daran, sich einige Menschen auf dem Papier totschlagen oder verheiraten zu lassen"[2], wobei er sich offensichtlich einerseits auf seine von einem Mörder handelnde Tragödie „Woyzeck", andererseits auf das Lustspiel „Leonce und Lena" bezog. Auch nach seinem Umzug nach Zürich im Oktober war er noch mit der Überarbeitung des Stücks beschäftigt, bis er im Januar 1837 seiner Verlobten Minna Jaeglé mitteilen konnte, er werde „in längstens acht Tagen Leonce und Lena [...] erscheinen lassen"[3]. Diese Veröffentlichung war Büchner allerdings nicht mehr vergönnt: Seine plötzliche Erkrankung und der baldige Tod am 19. Februar durchkreuzten den Plan.

Erstdrucke:

gekürzte Ausgabe von Karl Gutzkow

Das Drama „Leonce und Lena" erschien erst posthum, und zwar im Mai 1838 in der von Karl Gutzkow herausgegebenen Zeitschrift „Der Telegraph für Deutschland". Dieser Druck basiert auf der Abschrift des (verlorenen) Original-

[1] Dieses durchaus stattliche Preisgeld war ungefähr dreimal so hoch wie das Honorar, das Büchner im Jahr zuvor für die Veröffentlichung seines ersten Dramas „Dantons Tod" erhalten hatte (vgl. Georg Büchner: Leonce und Lena. Marburger Ausgabe. Bd. 6. Hrsg. von Burghard Dedner. Darmstadt: Wissenschaftliche Buchgesellschaft 2003, S. 246).

[2] Georg Büchner: Werke und Briefe. München: dtv 1988, S. 321

[3] Ebd., S. 326

manuskripts durch Minna Jaeglé, die Gutzkow, Büchners Förderer zu Lebzeiten, um die Publikation des literarischen Nachlasses gebeten hat. Allerdings war das Stück für ihn, wie er in seinem Vorwort betont, „nur ein schnell hingeworfener Versuch“, dessen gesamte Veröffentlichung „nur die Hoffnungen andeuten [würde], die man auf des jungen Dichters Zukunft setzen konnte“[1]. Nicht überzeugt von der literarischen Qualität, aber auch aufgrund seiner Bedenken bezüglich der „derb[en]“ sowie „politischen“ „Anspielungen“[2] im Drama veröffentlichte Gutzkow von der 1. Szene des 1. Aktes bis zur 1. Szene des 2. Aktes nur ausgewählte Textpassagen und fasste die gestrichenen Abschnitte in eigenen Worten zusammen; die darauf folgenden Szenen bis zum Dramenschluss sind hingegen weitgehend ungekürzt abgedruckt.

ungekürzte Ausgabe von Ludwig Büchner

Fast[3] vollständig erschien das Lustspiel zum ersten Mal 1850 in Georg Büchners „Nachgelassenen Schriften“ im Verlag Sauerländer, redigiert und herausgegeben vom Bruder Ludwig. Als Vorlage diente diesmal eine Manuskriptabschrift von Büchners Schwester Luise. Die zahlreichen Abweichungen zur Ausgabe von Gutzkow lassen sich durch Ablesefehler, Unachtsamkeiten und unterschiedliche Entscheidungen der beiden „Textvermittlerinnen“ bei Unklarheiten und Alternativen im Original, aber auch durch mehr oder weniger starke Eingriffe (Kürzungen, stilistische und orthografische Änderungen etc.) der jeweiligen Herausgeber erklären. Ein weiterer Grund könnten zwei verschiedene Handschriften Büchners, etwa die zum Wettbewerb eingesandte Fassung und die spätere Überarbeitung, sein,

---

[1] Georg Büchner: Leonce und Lena. Kritische Studienausgabe. Hrsg. von Burghard Dedner. Frankfurt a. M.: Athenäum 1987, S. 15

[2] Ebd.

[3] „Fast“ deshalb, weil auch Ludwig Büchner einige Kürzungen insbesondere mit Rücksicht auf politische, sittliche und sprachliche Empfindlichkeiten vornahm.

auf denen die beiden Drucke beruhen. Bis heute ist die Frage, ob Minna Jaeglé und Luise Büchner dasselbe oder unterschiedliche Manuskripte für ihre Abschrift gebrauchten, allerdings nicht endgültig geklärt.[1]

Büchners Quellen

Büchners Umgang mit Quellen

Georg Büchner verwendete für sein literarisches Schaffen zahlreiche Quellen, die ihm als Inspiration, Information und Zitatenschatz dienten. So basiert seine Erzählung „Lenz" auf den Aufzeichnungen des Pfarrers Oberlin, denen Büchner nicht nur konkrete Daten und Ereignisse, sondern auch einzelne Abschnitte wörtlich entnahm. Bei der Arbeit an seinem Revolutionsdrama „Dantons Tod" griff er vor allem auf historische, philosophiegeschichtliche und psychologische Abhandlungen zurück, aus denen er auch ausgiebig zitierte. Und zu seiner Tragödie „Woyzeck" wurde er durch einen realen Mordfall und die daraufhin veröffentlichten Gutachten und Urteile des Gerichtsprozesses angeregt. Die – sowohl historischen als auch literarischen – Quellen, die er für das Lustspiel „Leonce und Lena" gebrauchte, sind besonders umfangreich. Die wichtigsten sollen im Folgenden vorgestellt werden.

historische Dokumente:

Wie bereits im Kapitel „Der historische Kontext" (S. 54 – 58) ausgeführt, spiegeln sich im Drama die sozialen und politischen Verhältnisse in Deutschland zur Zeit der Niederschrift wider. Für die Handlung ließ sich Büchner insbesondere von einem Ereignis inspirieren: der Hochzeit von 1833 zwischen dem hessischen Erbgroßherzog Ludwig

---

[1] Vgl. zu dieser Diskussion Georg Büchner: Leonce und Lena. Kritische Studienausgabe. Hrsg. von Burghard Dedner. Frankfurt a. M.: Athenäum 1987, S. 126 – 147, und Georg Büchner: Leonce und Lena. Marburger Ausgabe. Bd. 6. Hrsg. von Burghard Dedner. Darmstadt: Wissenschaftliche Buchgesellschaft 2003, S. 246, S. 218 – 220.

und der bayerischen Prinzessin Mathilde Karoline. Der Ablauf dieses pompösen Festes, das an mehreren Tagen und verschiedenen Orten stattfand, wurde in der ein Jahr später erschienenen „Chronik der Feierlichkeiten" detailliert dargestellt. Auch wenn biografisch nicht bezeugt, so legen doch auffällige textliche Übereinstimmungen zwischen dieser Chronik und dem Lustspiel (insbesondere in der 2. und 3. Szene des 3. Aktes) nahe, dass Büchner sie als Quelle genutzt hat.[1]

„Die Chronik der Feierlichkeiten"

Einen noch stärkeren Einfluss auf die Entstehung des Dramas hatten allerdings andere literarische Werke. Büchners Umgang mit ihnen reicht von mehr oder weniger deutlichen Allusionen, d. h. Anspielungen, über die Verwendung von ähnlichen Handlungselementen und Figuren bis hin zur teils wörtlichen Übernahme ganzer Sätze und Abschnitte. Aus der kaum noch überschaubaren Menge dieser intertextuellen Bezüge, die von der Forschung bis heute entdeckt und gesammelt werden,[2] heben sich ein paar besonders prominente hervor. Hier ist zunächst William Shakespeare (1564 – 1616) zu nennen, dessen große Verehrung Büchner nicht nur durch das an den Anfang des 1. Aktes gestellte Zitat aus dem Lustspiel „Wie es euch gefällt" ausdrückt, sondern auch durch etliche Verweise auf andere Dramen des englischen Dichters. Auch der Einfluss Johann Wolfgang von Goethes (1749 – 1832) ist nicht zu über-

literarische Werke: Vielzahl an Einflüssen

[1] Auszüge aus der „Chronik der Feierlichkeiten" sind in der Textausgabe abgedruckt (S. 94 – 98). Vgl. zu den Parallelen zwischen Chronik und Drama Georg Büchner: Leonce und Lena. Marburger Ausgabe. Bd. 6. Hrsg. von Burghard Dedner. Darmstadt: Wissenschaftliche Buchgesellschaft 2003, S. 405 – 424.

[2] Zahlreiche Bezüge werden hier aufgeführt: Arnd Beise und Gerald Funk: Georg Büchner: Leonce und Lena. Erläuterungen und Dokumente. Stuttgart: Reclam 2005, S. 5 – 80, vor allem aber im ausführlichen Kommentarteil in: Georg Büchner: Leonce und Lena. Marburger Ausgabe. Bd. 6. Hrsg. von Burghard Dedner. Darmstadt: Wissenschaftliche Buchgesellschaft 2003, S. 425 – 544.

sehen: So spricht Leonce beispielweise nach dem verhinderten Selbstmord von einer „gelben Weste“ und „himmelblauen Hosen“ (32, 15 – 32, 16) – eine Anspielung auf die damals berühmt-berüchtigte Kleidung, in der sich der Protagonist von Goethes Roman „Die Leiden des jungen Werther“ das Leben nimmt. Auch Spuren anderer Werke aus der Epoche des Sturm und Drang, etwa von Jakob Michael Reinhold Lenz (1751 – 1792) oder Maler Müller (1749 – 1825), lassen sich in Büchners Drama nachweisen. Höchst umfangreich sind die Einflüsse aus der Epoche der Romantik. So finden sich in „Leonce und Lena“ u. a. Bezüge zu den Werken Jean Pauls (1763 – 1825), Adelbert von Chamissos (1781 – 1838) Gedichten, August Klingemanns (1777 – 1831) Roman „Nachtwachen des Bonaventura“, dem Erzählwerk E. T. A. Hoffmanns (1776 – 1822) und zu den Lustspielen Ludwig Tiecks (1773 – 1853).

zwei romantische Lustspiele als besonders wichtige Quellen: Clemens Brentanos Lustspiel „Ponce de Leon“

Besonders wichtige Quellen sind aber zwei andere romantische Lustspiele: zum einen das 1803 erschienene Drama „Ponce de Leon“ von Clemens Brentano (1778 – 1842), eine Intrigenkomödie, in der die verliebten Paare nach diversen Maskeraden und Verwicklungen schließlich zusammenfinden. Abgesehen von der Namenswahl seiner Protagonisten („Leonce“ erinnert sehr an „Ponce de Leon“, außerdem tritt in beiden Stücken eine Figur namens „Valerio“ auf) ließ sich Büchner hier vor allem in formaler Hinsicht inspirieren. Er übernimmt Stilmittel von Brentano, spielt ebenso intensiv mit der Sprache, wobei er viele Sätze sogar wörtlich zitiert, und verwendet als zentrales Handlungselement ebenfalls das Motiv der Verkleidung, wenn auch in einem anderen Kontext. Zum anderen gehört Alfred de Mussets (1810 – 1847) Lustspiel „Fantasio“ (erschienen 1833), in dem wie bei Büchner eine vom König angeordnete, von den Brautleuten jedoch unerwünschte Hochzeit im Zentrum steht, zu den wichtigsten romanti-

Alfred de Mussets Lustspiel „Fantasio“

schen Quellen für das Drama „Leonce und Lena“. Die Einflüsse betreffen hier vor allem inhaltliche Aspekte: Büchners Aneignung reicht von einer ähnlichen Ausgangshandlung (inkl. Maskeraden- und Verwechslungsspielen) über einzelne Szenen bis hin zur teilweise wörtlichen Übernahme von Gedankengängen, Bildern, Wörtern und Sätzen. Auch die Ähnlichkeiten der Figuren der beiden Stücke sind nicht zu übersehen: So könnte Prinz Leonce in seinem melancholischen, grüblerischen Wesen geradezu der Zwillingsbruder von Mussets Titelfigur, dem Prinzen Fantasio, sein; und auch die Konstellation Prinzessin/Gouvernante findet sich – teils bis in die identische Szenen- und Dialogebene hinein – bereits im Lustspiel des französischen Dichters.

Ein romantisches Lustspiel?

die Frage der Kategorisierung

Das Drama „Leonce und Lena“ wird in der Literaturwissenschaft häufig als spätes Beispiel für ein romantisches Lustspiel aufgefasst, wodurch es sich stark von Büchners anderen Werken unterscheide. So steht es bis heute im Schatten seiner realistischeren Dramen „Dantons Tod“ und „Woyzeck“ und gilt nicht selten als kaum innovatives und daher poetologisch[1] weniger interessantes Zeugnis von Büchners literarischem Schaffen – als „romantisch-ironisches Zwischenspiel“[2], wie es der Germanist Hans Mayer (1907–2001) formulierte. Doch bei aufmerksamer Lektüre wird deutlich, dass die übliche Kategorisierung des Dramas problematischer ist als vielfach behauptet.

---

[1] die Poetik, also die Lehre von der Dichtkunst, betreffend

[2] Hans Mayer: Georg Büchner und seine Zeit [1946]. Erw. Neuaufl. Frankfurt a. M.: Suhrkamp 1972, S. 307

das romantische Lustspiel

Das romantische Lustspiel[1] ist eine beliebte literarische Gattung der Epoche der Romantik (ca. 1795 – 1835), die – als Gegenströmung zur Aufklärung und Klassik – geprägt ist durch die Betonung des Gefühls und die Hinwendung zum Irrationalen, auch zu den Abgründen und dunklen Seiten der Seele. Wie für die gesamte romantische Kunst typisch, tritt die Wirklichkeit auch in der Komödie zugunsten einer imaginierten, häufig märchenhaft-fantastischen Welt zurück. Hier ist keine Kritik und Veränderung gesellschaftlicher oder politischer Verhältnisse beabsichtigt, sondern die Versöhnung des Menschen mit dem häufig schwierigen und als ungerecht empfundenen Leben. Die Existenz wird gleichsam poetisiert, also dichterisch durchdrungen und erhöht, das eigentlich Profane und Alltägliche zum wunderbaren Spiel aufgewertet, in dem sich am Schluss alle Probleme und Verstrickungen wie von Geisterhand auflösen. Dementsprechend herrscht in der romantischen Komödie eine heitere und gelassene Stimmung – das Publikum soll eine Weile lang alle Sorgen vergessen, gleichsam verzaubert werden. Typisch für das romantische Lustspiel sind auch die zahlreichen Verweise auf andere literarische Werke, etwa in Form von Zitaten und Anspielungen. Das große Vorbild war William Shakespeare (1564 – 1616), auf dessen heitere Lustspiele die Romantiker besonders gerne Bezug nahmen. Wie in vielen Stücken des englischen Dichters steht auch in den Komödien der Romantik häufig eine Intrige im Zentrum, aus der bald kaum noch überschaubare Verwicklungen, ausgelöst durch die Figuren, aber auch

---

[1] In dieser Verstehenshilfe werden die Begriffe „Komödie“ und „Lustspiel“ synonym verwendet, wie es in der Literaturwissenschaft mittlerweile üblich ist. Die vor allem früher gemachte Unterscheidung zwischen der aus der Komik abgeleiteten Komödie und dem von einer humorvollen Stimmung getragenen Lustspiel erscheint allzu willkürlich und lässt sich in der Praxis – schon allein aufgrund der häufigen Überschneidung von Komik und Humor in einem Drama – kaum plausibel anwenden.

durch Zufall, entstehen. Häufig werden diese Verwicklungen durch Maskeraden und Verkleidungen verstärkt, mithin durch die spielerische Verwechslung der (unsicher gewordenen) Identitäten der Menschen, eines der zentralen Motive der Romantik.

Blickt man auf die Handlung, so scheint Büchners Drama tatsächlich ein romantisches Lustspiel zu sein. Auch hier geht es um die Frage nach der Identität, verlieben sich die beiden Protagonisten doch zunächst ineinander, ohne zu wissen, wer sie eigentlich sind, und werden schließlich in ihrer Verkleidung vom König und dessen Staatsrat ebenfalls nicht erkannt. Und auch der fröhliche Schluss, in dem alle Verwicklungen nach der Demaskierung aufgelöst werden, scheint für die übliche Kategorisierung zu sprechen. Doch im Gegensatz zu typischen romantischen Lustspielen, wie beispielsweise Brentanos „Ponce de Leon“ oder Mussets „Fantasio“,[1] in denen die Verwicklungen im Lauf der Handlung immer spannender, vielschichtiger und unüberschaubarer werden, bleiben sie im Drama „Leonce und Lena“ denkbar einfach, schaffen kaum Spannung und lösen sich schließlich recht unspektakulär wieder auf. Büchner scheint, so ließe sich pointiert sagen, das bloße Handlungsgerüst eines romantischen Lustspiels zu verwenden, ohne es mit wirklichem Leben zu füllen.

einzelne Merkmale bezogen auf das Drama „Leonce und Lena“:
- Handlung

Ähnlich ambivalent, also zwiespältig, verhält es sich auch mit einem anderen Merkmal dieses Dramentyps, nämlich mit der märchenhaft-fantastischen Welt, in der seine Handlung spielt. Einerseits sind die märchenhaften Elemente von Büchners Stück – angefangen bei den Königreichen namens „Popo“ und „Pipi“ über die wundersame Begegnung der Titelfiguren in der Fremde bis hin zur fantastisch anmutenden Maskerade und der Hochzeit am Ende – nicht zu übersehen. Andererseits finden sich doch auch

- märchenhaft-fantastische Welt

[1] Siehe dazu das Unterkapitel „Büchners Quellen“, S. 72 – 75.

einige realistische Elemente im Werk, die zu einem Lustspiel der Romantik keineswegs passen. Wie bereits ausführlich dargestellt,[1] spiegelt sich die politische und soziale Situation in Deutschland zur Zeit Büchners mehr oder weniger direkt in dem Drama wider. So ist es als spöttische Anspielung auf den damaligen, sich aus zahlreichen Kleinstaaten zusammensetzenden „Flickenteppich" zu verstehen, wenn Leonce und Valerio in der 1. Szene des 2. Aktes „in einem halben Tage" (24, 3) mehrere solcher Reiche durchqueren. Auch bei der 2. Szene des 3. Aktes, in der hungernde Bauern von Hofbeamten gedemütigt werden, denkt man weniger an ein Märchen als vielmehr an eine Sozialsatire, in der die hierarchischen Verhältnisse angeprangert werden. Mit einer Poetisierung der Wirklichkeit, gar einer Versöhnung des Menschen mit seinem Schicksal, wie sie vom Lustspiel der Romantik erwartet werden, haben solche gesellschaftskritischen Aspekte jedenfalls nichts zu tun.

- heitere, gelassene Stimmung

Kein Wunder also, dass bei der Lektüre von Büchners Drama keine heitere und gelassene Stimmung aufkommen will, eigentlich ein Merkmal des romantischen Lustspiels. Zwar sind etliche Situationen komisch und reizen zum Lachen, etwa wenn sich König Peter in der 2. Szene des 1. Aktes als hilfloser Narr erweist, der sogar sein eigenes Volk vergisst (vgl. 10, 10 – 10, 11), oder wenn man die Untertanen in der 2. Szene des 3. Aktes wie Kinder behandelt: „Kratzt Euch nicht hinter den Ohren und schneuzt Euch die Nasen nicht mit den Fingern" (34, 23 – 34, 24). Aber dieser Humor ist keineswegs leicht und unbeschwert, sondern bitter und aggressiv, werden in den Szenen doch üble Missstände der damaligen Zeit dargestellt. Büchner hält dem Publikum den Spiegel vor. Seine Absicht ist offenbar nicht, es durch feinen Witz vom Alltag abzulenken, sondern

[1] Vgl. das Unterkapitel „Der historische Kontext", S. 54 – 58.

es im Gegenteil wachzurütteln und für die herrschenden Ungerechtigkeiten zu sensibilisieren.

- Bezüge zu anderen literarischen Werken

Ein anderes Merkmal des romantischen Lustspiels, nämlich seine hohe Intertextualität, also sein intensiver Umgang mit anderen Texten in Form beispielsweise von Verweisen, Anspielungen oder Zitaten, kann man dem Drama „Leonce und Lena“ gewiss nicht absprechen. Wie an anderer Stelle schon ausgeführt,[1] nutzte Büchner zahlreiche literarische Werke als Quellen und übernahm von ihnen unter anderem Sätze und ganze Textpassagen, Figurenkonstellationen und Handlungssequenzen, Motive und Bilder. Diese intertextuellen Anleihen sprechen aber nur scheinbar für eine Kategorisierung seines Stückes als romantisches Lustspiel. Denn Büchner bezieht sich zwar intensiv auf andere Werke, stellt die übernommenen Elemente aber meist in einen anderen Kontext und wendet sich damit von den verwendeten Quellen ironisch ab. Besonders deutlich wird dies anhand seines Umgangs mit romantischen Motiven. Als sich Valerio – um nur ein Beispiel zu nennen – bei seinem ersten Auftritt „in das Gras legen [...] und romantische Empfindungen beziehen“ (7, 7–7, 9) will, scheint er zu den Naturschwärmern zu gehören, wie sie für die romantische Epoche typisch waren. Dieser Eindruck verschwindet jedoch schnell, wenn er sein „Gefühl für die Natur“ genauer beschreibt: „Das Gras steht so schön, dass man ein Ochs sein möchte, um es fressen zu können, und dann wieder ein Mensch, um den Ochsen zu essen, der solches Gras gefressen.“ (7, 14–7, 17) Das romantische Motiv – zu finden in unzähligen anderen Werken – wird bei Büchner ironisiert, steckt hinter Valerios angeblicher Naturschwärmerei doch nur gewöhnliche Genusssucht. Der intertextuelle Bezug erweist sich letztlich als Mittel zur Distanzierung.

---

[1] Vgl. das Unterkapitel „Büchners Quellen“, S. 72–75.

die Parodie eines romantischen Lustspiels

Büchner, so lässt sich zusammenfassen, hat zwar etliche Elemente des romantischen Lustspiels übernommen, diese aber bewusst überzeichnet, in einen neuen Kontext gestellt oder in anderer Weise verfremdet. Alle Kritiker, die Büchner vorwerfen, mit dem Drama „Leonce und Lena“ in eine überholte Epoche zurückgefallen zu sein, verkennen den entscheidenden Punkt, nämlich seine karikierende Absicht. Das Stück, aus Anlass eines literarischen Wettbewerbs geschrieben,[1] ist in Wirklichkeit kein romantisches Lustspiel, sondern die Parodie[2] eines solchen. Eine Sozialsatire, die im Deckmantel einer harmlosen Komödie die herrschenden Verhältnisse anprangert und sich über den verkrusteten Feudalstaat lustig macht. Eng verbunden mit dieser Kritik distanziert sich Büchner auch scharf von der Weltflucht und Poetisierung des Alltags durch die Romantiker – einem Programm, das ihm, dem Revolutionär im Exil, zutiefst lebensfremd und abstoßend erscheinen muss. So folgt er der romantischen Tradition in seinem Drama „Leonce und Lena“ auch nur scheinbar – tatsächlich lehnt er sie vehement ab und verspottet sie.

Das Drama „Leonce und Lena“ als Vorläufer der literarischen Moderne

Büchner als Wegbereiter der modernen Literatur

Georg Büchner wurde von anderen Dichtern und Literaturwissenschaftlern häufig als Wegbereiter der modernen Literatur bezeichnet. Für den Schriftsteller Arnold Zweig (1887 – 1968) beispielsweise „beginnt die moderne europä-

[1] Vgl. dazu das Unterkapitel „Entstehungsgeschichte und Erstdrucke des Dramas ‚Leonce und Lena‘“, S. 69 – 72.

[2] also ein Werk, das in satirischer, kritischer oder polemischer Absicht ein vorhandenes, häufig als klassisch empfundenes und bei den Adressaten der Parodie als bekannt vorausgesetztes Werk nachahmt

ische Prosa“[1] mit Büchners Erzählung „Lenz“. Und auch das Moderne, weit über ihre Entstehungszeit Hinausweisende seiner Dramen „Dantons Tod“ und „Woyzeck“ wurde in der Forschung wiederholt betont. Obwohl sich das Drama „Leonce und Lena“ in Form und Sprache weit traditioneller zeigt als die beiden anderen Stücke, lässt es sich doch aufgrund seines Inhalts, insbesondere der behandelten philosophischen Themen, ebenfalls als frühes Beispiel der literarischen Moderne auffassen.

die Moderne

Der Begriff „Moderne“ bezeichnet eine Anfang/Mitte des 19. Jahrhunderts einsetzende Phase in der westlichen Welt, die mit einem tief greifenden Umbruch in allen Lebensbereichen einhergeht. Aus soziologischer Sicht ist ihr Beginn durch den Übergang von der feudalistischen zur bürgerlichen Gesellschaft markiert. Dieser Wandel war geprägt von einer zunehmenden Industrialisierung und Technisierung, deren Voraussetzung eine wachsende Rationalisierung auf allen kulturellen Gebieten war. Die Religion verlor dementsprechend an Einfluss: Es kam zur allmählichen Entchristlichung und Verweltlichung, die der Soziologe Max Weber (1864–1920) als „Entzauberung der Welt“[2] beschrieben hat. Mit dem Bedeutungsverlust traditioneller Sinnangebote der Religion und den zunehmend komplexer werdenden, auch gegensätzlichen Erklärungsversuchen der Wissenschaften wird die Wirklichkeit für den Menschen immer unbegreiflicher. Glaubte er sich in früheren Zeiten in eine höhere Ordnung eingebettet, so fühlt er sich in der Moderne zunehmend fremd und heimatlos. Diese soziokulturellen Erschütterun-

---

[1] Arnold Zweig: Versuch über Büchner. In: Dietmar Goltschnigg (Hg.): Georg Büchner und die Moderne. Texte, Analysen, Kommentar. Berlin: Erich Schmidt 2001, S. 323–335; hier: S. 329

[2] Max Weber: Wissenschaft als Beruf (1919). In: Ders.: Schriften 1894–1922. Ausgewählt und herausgegeben von Dirk Kaesler. Stuttgart: Kröner 2002, S. 474–513; hier: S. 488

gen spiegeln sich in der literarischen Moderne nicht zuletzt auch thematisch wider.

Kritik an philosophischen Systemen

Zu Beginn der Moderne wuchs der Zweifel daran, dass die Wirklichkeit durch philosophische Denksysteme, wie sie bis zum Anfang des 19. Jahrhunderts üblich waren, erklärbar sei. Insbesondere die Zeit der Aufklärung und des Deutschen Idealismus, die u.a. mit den Namen Leibniz (1646–1716), Kant (1724–1804), Fichte (1762–1814), Schelling (1775–1854) und Hegel (1770–1831) verbunden ist, glaubte noch an die schier grenzenlose Erkenntnismöglichkeit der Vernunft und die Gültigkeit ewiger Werte. Dieser Optimismus wurde im Laufe der nachfolgenden Jahrzehnte immer fragwürdiger, wie sich auch im Drama „Leonce und Lena" abzeichnet. Insbesondere König Peter, der philosophische Wendungen wie „Die Substanz ist das an sich" (9, 5–9, 6) oder „Ein Drittes gibt es nicht" (10, 20) und Begriffe wie „Attribute, Modifikationen, Affektionen und Akzidenzien" (9, 8–9, 9) ohne Sinn und Verstand aneinanderreiht, während er „fast nackt im Zimmer" (9, 6) vor seinen Dienern umherläuft, offenbart die spöttische Distanz, mit der Büchner der traditionellen Philosophie gegenübersteht. Dabei fällt seine Kritik auch deshalb so scharf aus, weil philosophische Systeme seiner Überzeugung nach soziale Ungerechtigkeiten nicht bekämpfen, sondern den herrschenden Status quo aufgrund ihrer Praxisferne und lediglich beschreibenden Art sogar noch legitimieren und damit zementieren. So ist es kein Zufall, dass die einzige Figur im Stück, die explizit (wenn auch nur als Karikatur) philosophisch spekuliert, ein König, also der ranghöchste Repräsentant des Staates, ist. Die im Drama geäußerte Kritik an philosophischen Systemen ist mithin auch eine Kritik an den spätabsolutistischen Regierungssystemen – beides lehnt Büchner als nicht zeitgemäß und lebensfremd ab.

existenzielle Fragen und Nihilismus

In der Philosophiegeschichte rückten nach der Abkehr vom abstrakten Systemdenken der einzelne Mensch und seine Stellung in der Welt in den Fokus. Existenzielle Fragen nach der richtigen Lebensführung und Gefühle wie Angst und Verzweiflung, die bislang kaum eine Rolle in den philosophischen Betrachtungen gespielt hatten, wurden nun zunehmend von den Philosophen, namentlich von Søren Kierkegaard (1813 – 1855) und Friedrich Nietzsche (1844 – 1900), entdeckt und in ihren Werken reflektiert. Diese Themen finden sich auch in Büchners Drama, insbesondere in den Grübeleien der Titelfigur Leonce. Im Gegensatz zu seinem Vater, dem König Peter, bieten ihm – als Vertreter der neuen Generation – die überkommenen Systeme keine Orientierung und Sicherheit. Wie Nietzsches „toller Mensch“, der den „Tod Gottes“, also das Ende jedes religiösen und metaphysischen Glaubens, verkündet,[1] zweifelt auch Leonce an einem tieferen Sinn der Wirklichkeit und seiner eigenen Existenz, teilt also die moderne Weltsicht des Nihilismus[2]. Sein seelisches Leid angesichts dieser hoffnungslosen Situation drückt er beispielsweise in seinem Monolog nach der Trennung von Rosetta aus (vgl. 14, 15 – 15, 15). Die hier verwendeten Bilder des Endes einer Feier – „ein leerer Tanzsaal“, „verwelkte Rosen“, „zerknitterte Bänder auf dem Boden“, „geborstene Violinen“ und „die letzten Tänzer […] mit todmüden Augen“ (15, 5 – 15, 8) – vermitteln den Eindruck von Desillusion, Vergänglichkeit und Melancholie. „Mein Leben gähnt mich an“ (15, 2 – 15, 3), jammert Leonce: Es erscheint ihm trostlos und langwei-

[1] Die Parabel vom „tollen Menschen“ findet sich in Nietzsches Buch „Die fröhliche Wissenschaft“ (Friedrich Nietzsche: Die fröhliche Wissenschaft. In: Ders.: Sämtliche Werke. Kritische Studienausgabe in 15 Einzelbänden. Bd. 3. Hrsg. von Giorgio Colli und Mazzino Montinari. München: dtv 1988, S. 343 – 651; hier: S. 480 – 482).

[2] philosophische Anschauung von der Nichtigkeit und Sinnlosigkeit alles Seienden

lig, weil ihm höhere Werte und Ziele fehlen. Selbst wenn er sich am Ende seiner Rede an Gott wendet, um über sein Schicksal zu klagen (vgl. 15, 12–15, 14), wirkt dies keineswegs fromm, sondern floskelhaft, wenn nicht gar spöttisch. Religiöse Erlösungsfantasien sind ihm vollkommen fremd.

Frage nach der Identität und dem Ich

Eng verbunden mit den aufkommenden Fragen nach Sinn und Existenz ist die Frage nach der Identität des Menschen und seinem Ich. War dieses seit René Descartes (1596–1650) im 17. Jahrhundert bis zu den Idealisten um 1800 Ausgangspunkt metaphysischer[1] Spekulationen (Descartes: „Ich denke, also bin ich"), so wurde es mit dem Einbruch der Moderne zunehmend hinterfragt, verlor immer mehr an seiner Selbstverständlichkeit, bis es schließlich von Nietzsche und anderen Denkern Ende des 19. Jahrhunderts zu einer bloßen Illusion erklärt worden ist. Das Schlagwort vom „unrettbaren Ich" des Philosophen Ernst Mach (1838–1916) prägte das damalige Geistesklima. Auch diese philosophiegeschichtliche Wende spiegelt sich in Büchners Drama wider. Schon Leonces in der ersten Szene gestellte, scheinbar unsinnige Frage „wie es wohl angehen mag, dass ich mir einmal auf den Kopf sehe" (5, 16–5, 17), lässt sich als Metapher für die Vergeblichkeit deuten, das eigene Ich zu erfassen – ist dafür doch gerade dieses Ich nötig. In der letzten Szene des Dramas, in der Leonce und seine Begleiter als Automaten verkleidet in die Heimat zurückkehren, wird dieses Problem noch einmal ausführlicher thematisiert. König Peter, der sich bislang mit dem tautologischen Satz[2] „Ich bin ich" (10, 24) zufriedengab, ist über Valerios Unsicherheit bezüglich der eigenen Identität

---

[1] Die Metaphysik ist die philosophische Lehre, die sich mit dem hinter der sinnlich erfahrbaren, natürlichen Welt Liegenden sowie den letzten Gründen und Zusammenhängen des Seins beschäftigt.

[2] In der Philosophie versteht man unter einer Tautologie eine Aussage, die aufgrund ihrer Struktur immer logisch wahr ist.

maßlos verwirrt. „Weiß ich's?", antwortet Leonces Gefährte auf die Frage, wer er sei, während er eine Maske nach der anderen abnimmt. „Bin ich das? oder das? oder das? Wahrhaftig ich bekomme Angst, ich könnte mich so ganz auseinanderschälen und blättern." (38, 29 – 38, 33) In eindrucksvoller Symbolik ist hier das Aufeinandertreffen der traditionellen, Ich-zentrierten Philosophie (in Gestalt Peters) mit der modernen, Ich-skeptischen Philosophie (in Gestalt Leonces und Valerios) dargestellt. Das endlose Entfernen der Masken steht dabei für die Unmöglichkeit, das innerste Ich, und damit die „wahre" Identität eines Menschen, zu „entdecken".[1]

Sprachskepsis

Hand in Hand mit dieser Identitätsproblematik geht die in der Moderne wachsende Skepsis gegenüber der Sprache, einst unhinterfragtes Werkzeug philosophischer Erkenntnis, nun auf einmal selbst Gegenstand der Reflexionen. In der zweiten Hälfte des 19. und vor allem zu Beginn des 20. Jahrhunderts wurde die traditionelle Vorstellung, dass Wörter reale Objekte repräsentieren und sprachliche Strukturen die Welt adäquat abbilden, immer fragwürdiger. Als früher Vertreter dieser grundlegenden Kritik gilt wiederum Nietzsche, für den die Sprache des Menschen ein kulturel-

[1] In erstaunlich ähnlicher Metaphorik beschreibt auch Nietzsche in seinem 1874 erschienenen Buch „Schopenhauer als Erzieher" die Unerreichbarkeit des Ichs. Während in Büchners Drama eine Maske nach der anderen abgenommen wird, ohne eine innerste Identität zu finden, vergleicht Nietzsche die Persönlichkeitsschichten des Menschen mit den Häuten eines Hasen: „[U]nd wenn der Hase sieben Häute hat, so kann der Mensch sich sieben mal siebzig abziehn und wird doch nicht sagen können: ‚das bist du nun wirklich, das ist nicht mehr Schale.'" (Friedrich Nietzsche: Unzeitgemäße Betrachtungen III. Schopenhauer als Erzieher. In: Ders.: Sämtliche Werke. Kritische Studienausgabe in 15 Einzelbänden. Bd. 1. Hrsg. von Giorgio Colli und Mazzino Montinari. München: dtv 1988, S. 335 – 427; hier: S. 340) Ein Ich scheint es weder für Nietzsche noch für Valerio zu geben. Die verblüffende Ähnlichkeit der Beschreibungen unterstreicht einmal mehr die Modernität Büchners.

les Konstrukt ist, durch das die Wahrheit der Wirklichkeit nicht aufgedeckt, sondern vielmehr *ver*deckt wird. „Die Grenzen meiner Sprache bedeuten die Grenzen meiner Welt“[1], fasste Ludwig Wittgenstein (1889–1951), einer der einflussreichsten Philosophen des vergangenen Jahrhunderts, das Dilemma später prägnant zusammen. Auch wenn diese Sprachskepsis erst in der Literatur um 1900, etwa in den Werken Arthur Schnitzlers (1862–1931), Hugo von Hofmannsthals (1874–1929) und Robert Musils (1880–1942), konkret thematisiert wird, kündigt sie sich doch bereits in Büchners Drama an. Insbesondere die Gespräche zwischen Leonce und Valerio sind in dieser Hinsicht aufschlussreich. So wirft der Prinz seinem Gefährten einmal vor, „nichts als ein schlechtes Wortspiel“ zu sein. „Du hast weder Vater noch Mutter, sondern die fünf Vokale haben dich miteinander erzeugt.“ (18, 31–18, 33) In diesen Sätzen spiegelt sich die moderne Einsicht wider, dass die Identität des Menschen – wie alle anderen Phänomene auch – keine feste, unveränderliche Substanz hat, sondern ein Ergebnis sprachlicher Konventionen, mithin ein soziales Konstrukt, ist. Auch die permanenten Scherze zwischen Leonce und Valerio, die nicht selten darin bestehen, die Bedeutung von Wörtern durch Satzvariationen zu verändern und das Gegenüber damit immer wieder neu zu überraschen, führen dem Leser/der Leserin vor Augen, wie relativ und beliebig sprachliche Strukturen sind (vgl. z. B. den Textabschnitt 19, 2–19, 11, in dem Valerio ganze sechs verschiedene Varianten von Wörtern mit dem Stamm „kommen“ mit immer wieder neuer Bedeutung aufführt). Sprache, so scheint Büchner als Wegbereiter der modernen Literatur zeigen zu wollen, eignet sich eher für Witze als für ernsthafte Reflexionen über Gott und die Welt.

---

[1] Ludwig Wittgenstein: Tractatus logico-philosophicus. Frankfurt a. M.: Suhrkamp 1993, S. 67

Rezeption und Wirkung des Dramas „Leonce und Lena“

Büchners Bedeutung

Georg Büchner zählt zu den bedeutendsten Schriftstellern der Weltliteratur. Seine Dramen werden bis heute regelmäßig auf in- und ausländischen Bühnen aufgeführt, seine Erzählung „Lenz“ ist einer der wichtigsten Prosatexte deutscher Sprache. Große Ausstellungen zu seinem Leben und Werk, Briefmarken und Gedenkmünzen anlässlich runder Jahrestage unterstreichen die ungebrochene Popularität des vor über 200 Jahren geborenen Dichters. Seine Bedeutung spiegelt sich nicht zuletzt auch im jährlich verliehenen Georg-Büchner-Preis wider, dem renommiertesten Literaturpreis Deutschlands.

Vorbehalte gegenüber dem Drama „Leonce und Lena“ sogar aufseiten der frühen Herausgeber

Dabei stand das Lustspiel „Leonce und Lena“ von Beginn an im Schatten seiner anderen Werke, galt manchen gar als kaum beachtenswertes Nebenprodukt von Büchners literarischem Schaffen. Solche Vorbehalte hatten sogar die frühen Herausgeber. So hielt Karl Gutzkow (1811 – 1878) das Drama für einen „schnell hingeworfene[n] Versuch“[1], der das mögliche Talent des Autors allenfalls andeuten würde: Kurzerhand druckte er den Originaltext nicht vollständig ab, sondern paraphrasierte manche Abschnitte in eigenen Worten.[2] Und auch Karl Emil Franzos (1848 – 1904), der Herausgeber der späteren Gesamtausgabe von Büchners Werken, hielt das „kleine[] Lustspielchen“ für „eine harmlose, anmuthige Spielerei in Tieckscher[3] Manier“[4], die

[1] Georg Büchner: Leonce und Lena. Kritische Studienausgabe. Hrsg. von Burghard Dedner. Frankfurt a. M.: Athenäum 1987, S. 15

[2] Vgl. dazu ausführlicher das Unterkapitel „Entstehungsgeschichte und Erstdrucke des Dramas ‚Leonce und Lena‘“, S. 69 – 72.

[3] Ludwig Tieck (1773 – 1853): deutscher Dichter der Romantik

[4] Karl Emil Franzos: Georg Büchner. (Zum Tage der Enthüllung seines Denkmals auf dem Zürichberge.) In: Neue Freie Presse. Nr. 3899. 4. Juli 1875, S. 1 – 4; hier: S. 4

er zwar durchaus schätzte, aber im Vergleich zu den anderen Dramen als weniger bedeutend ansah.

Literaturkritik

Eher zurückhaltend war auch die Reaktion der Literaturkritik. Julian Schmidt (1818–1886), einer der schärfsten Kritiker Büchners, unterstellte dem jung verstorbenen Autor in seiner Rezension von 1851 krankhafte Wesenszüge und erkannte auch in dessen Lustspiel, insbesondere in Leonces Grübeleien, ein bedenkliches „Spiel der Freiheit, mit dem unheimlichen Abgrund des eignen Innern zu scherzen". Auch dem Märchenhaft-Fantastischen der Handlung konnte er wenig abgewinnen: „Wo das Leben zu einem bloßen Schein herabsinkt", schreibt er pathetisch, „wird es ein Reich des Bösen."[1] Im Gegensatz zu Schmidt war sich der demokratische Publizist Wilhelm Schulz (1797–1860) des Realitätsgehalts von Büchners Drama wohl bewusst und stellte dessen gesellschaftskritische Aspekte hervor: „Versteht sich", so betont er in seiner ebenfalls 1851 erschienenen Besprechung, „daß in diesem Lustspiele das Reich *Popo*, unter der Regierung Sr. Maj. des Königs Peter, ein specifisch *deutscher* Musterstaat ist."[2] Von anderen Kritikern wiederum wurden die zahlreichen Zitate aus fremden Texten moniert, die das Lustspiel „Leonce und Lena" angeblich zu einem wenig eigenständigen und auch recht künstlich wirkenden Werk machten. So hält der Schriftsteller Robert Walser (1878–1956), eigentlich ein glühender Büchner-Verehrer, den Humor des Stückes für „unecht" und meint, dessen unbestrittene „Schönheit" „stehe nicht

---

[1] Beide Zitate: Julian Schmidt: Georg Büchner. Nachgelassene Schriften. In: Die Grenzboten 10 (1851). Bd. 1, S. 121–128; hier: S. 123

[2] Wilhelm Schulz: Nachgelassene Schriften von G. Büchner. In: Walter Grab (Hg.): Georg Büchner und die Revolution von 1848. Der Büchner-Essay von Wilhelm Schulz aus dem Jahr 1851. Text und Kommentar. Königstein: Athenäum 1985, S. 51–82; hier: S. 61

ganz auf eigenen Beinen, es sei ein bisschen viel Anlehnung dabei“[1].

Literaturwissenschaft

Auf ein geteiltes Echo stieß (und stößt) Büchners Lustspiel auch in der Literaturwissenschaft, zu welchem es bezeichnenderweise auch deutlich weniger Untersuchungen gibt als zu seinen Dramen „Dantons Tod“ und „Woyzeck“. Geprägt wurde die Forschung lange Zeit durch die einflussreichen Germanisten Friedrich Gundolf (1880–1931), der in dem Stück „einen Rückfall in die bloße Literaturkomödie der Romantik“[2] sah, und Hans Mayer (1907–2001), der abwertend von einem „romantisch-ironische[n] Zwischenspiel“[3] sprach. Andere Autoren hingegen, die der Romantik gewogener waren, schätzten das Drama gerade wegen seiner starken Bezüge zu dieser Epoche. So ist es für Paul Landau (1880–1951) ein „graziöses Meisterstück“[4] und für Wilhelm Hausenstein (1882–1957) sogar das „zauberhafteste Lustspiel der deutschen Literatur“[5]. Erst in den 1950er- und 1960er-Jahren rückte die Frage ins Zentrum, ob es sich bei Büchners Drama überhaupt um ein romantisches Lustspiel handle oder nicht vielmehr um eine sozialkritische Satire, die der Gesellschaft unter dem Deckmantel der Komik den Spiegel vorhält und darüber hinaus die Realitätsflucht der Romantiker ironisiert und damit scharf kritisiert. In jüngerer Zeit liegt ein weiterer Fokus der Litera-

---

[1] Beide Zitate: Robert Walser: Ein Dramatiker. In: Ebd.: Dichteten diese Dichter richtig? Eine poetische Literaturgeschichte. Hg. von Bernhard Echte. Frankfurt a. M. und Leipzig: Insel 2002, S. 117–121; hier: S. 120

[2] Friedrich Gundolf: Georg Büchner. Ein Vortrag. In: Zeitschrift für Deutschkunde 43 (1929), S. 1–12; geringfügig modernisiert in: Wolfgang Martens (Hg.): Georg Büchner. Darmstadt: Wissenschaftliche Buchgesellschaft 1973, S. 82–97; hier: S. 93

[3] Hans Mayer: Georg Büchner und seine Zeit [1946]. Erw. Neuaufl. Frankfurt a. M.: Suhrkamp 1972, S. 307

[4] zitiert nach Arnd Beise: Leonce und Lena. In: Roland Borgards und Harald Neumeyer (Hg.): Büchner-Handbuch. Leben – Werk – Wirkung. Stuttgart: Metzler 2009, S. 75–89; hier: S. 85

[5] zitiert nach ebd.

turwissenschaft auf dem Aspekt der Intertextualität des Dramas, also auf dessen zahlreichen Bezügen zu anderen literarischen Werken. Wurden Büchners intensive Nutzung von Quellen und sein freier Umgang mit Zitaten und Anspielungen in der frühen Forschung meist skeptisch gesehen, so gelten sie mittlerweile eher als Vorzug des Lustspiels und als poetologische[1] Besonderheit des Autors.

Bühne

Das Stück kann auch auf eine lange und wechselhafte Bühnengeschichte zurückblicken. Angesichts seiner märchenhaft-romantischen Motive ist es kein Wunder, dass es das meistvertonte Werk Büchners ist. Mittlerweile gibt es elf Opern, zahlreiche Bühnenmusiken und verschiedene Instrumentalstücke, die auf dem Lustspiel basieren.

[1] poetologisch: die Poetik, also die Lehre von der Dichtkunst, betreffend

Aufführung des Landestheaters Salzburg, 1975 (Klaus Maria Brandauer [Leonce] und Marianne Nentwich [Lena])

Das Theater hingegen näherte sich „Leonce und Lena“ nur zögernd und bevorzugte stets Büchners andere Dramen „Dantons Tod“ und „Woyzeck“. Nach der Uraufführung 1895, gespielt vom „Intimen Theater“ in einer Münchner Parkanlage, musste das Stück lange Zeit warten, bis man es ins feste Repertoire deutscher Bühnen aufnahm. Wurde es in der ersten Hälfte des 20. Jahrhunderts meist als heitere Komödie zur harmlosen Unterhaltung aufgeführt, entdeckte das Theater der 1970er-Jahre, nicht zuletzt infolge eines neuen Literaturverständnisses nach der Studentenrevolte von 1968, seine beißende Gesellschaftskritik. Damals wurde Büchners Drama vor allem aufgeführt, um die sozialen und politischen Missstände der eigenen Zeit anzuprangern. Mittlerweile gehört es zu den im deutschsprachigen Raum häufig gespielten Klassikern. Der unmittelbar sozialkritisch-politische Anspruch trat in den meisten neueren Inszenierungen zugunsten anderer Aspekte allerdings in den Hintergrund. So wurden häufig die Themen Langeweile, Dekadenz und Melancholie, aber auch das Automatenmotiv aufgegriffen, um den heutigen, von Ziellosigkeit und Oberflächlichkeit geprägten Zeitgeist auf der Bühne darzustellen.

Das Drama „Leonce und Lena“ in der Schule

Der Blick auf die Figuren: Die Personencharakterisierung

Eine literarische Figur charakterisieren – Tipps und Techniken

In einer literarischen Charakterisierung werden neben äußerlichen Merkmalen besonders die Wesenszüge einer literarischen Figur analysiert. Gegebenenfalls muss auch ihre Entwicklung im Werk erfasst werden. Dazu ist es wichtig, die im Text vermittelten Informationen zu sammeln, zu ordnen und zu werten. Bei einem Drama geben manchmal auch die Regieanweisungen Hinweise auf den Charakter einer Figur.

Auf diesem Wege gelangt man zu einer Gesamtinterpretation der Figur. Das Wesentliche soll nicht in beschreibender, sondern in argumentierender Form dargelegt werden. Alle Behauptungen, die man über eine Figur aufstellt, müssen begründet, das heißt in der Regel durch eine oder mehrere Textstellen belegt, werden. Die Zeitstufe ist das Präsens.

Für die Erarbeitung einer literarischen Charakterisierung können unter anderem folgende Aspekte und Leitfragen von Bedeutung sein:

1. **Personalien, sozialer Status und äußeres Erscheinungsbild**
   - Was erfahren wir über Name, Geschlecht, Alter und Beruf der Figur?
   - Werden auffällige äußere Merkmale beschrieben?

- Wie werden die Lebensverhältnisse und das soziale Umfeld der Figur dargestellt?
- Gibt es Informationen zur Vorgeschichte der Figur?

2. Wesentliche Charaktereigenschaften und Verhaltensweisen

- Zeigt die Figur typische Verhaltenseigenschaften und Gewohnheiten?
- Was sind ihre hervorstechenden Wesensmerkmale und Charakterzüge?
- Welche Umstände prägen und bestimmen ihre Existenz?
- Welches Selbstbild hat die Figur?
- Welche inneren Einstellungen, welches Weltbild hat sie?
- Zeigt die Figur eine Veränderung in ihren äußeren Merkmalen oder eine innere Entwicklung?
- Wie wird sie von den anderen Figuren wahrgenommen?
- In welcher Beziehung steht sie zu den anderen Figuren?

3. Sprachgebrauch und Sprachverhalten

- Wie kann der Sprachgebrauch der Figur allgemein beschrieben werden? (Sprachebene, Sprachstil)
- Welche Auffälligkeiten lassen sich auf Satz- und Wortebene erkennen? (Satzbau, Wortwahl …)
- Welche Botschaften werden durch nonverbale Kommunikation übermittelt? (Mimik, Gestik, Körperhaltung)
- Welches Gesprächsverhalten, welche Gesprächsstrategien verfolgt die Figur?

4. Zusammenfassung/Fazit

- Wie lässt sich die Funktion der Figur für das Drama beschreiben?

- Inwieweit sind die charakterlichen Merkmale gesellschaftlich bestimmt?
- Welche Gesamtdeutung der Figur ergibt sich aus den gewonnenen Ergebnissen?

Die folgenden Charakterisierungen der wichtigsten Figuren von Büchners Drama bieten die wesentlichen inhaltlichen Anhaltspunkte für die Gestaltung einer Charakterisierung. Die Reihenfolge der vorgestellten Figuren folgt der Chronologie ihres Auftretens.

Prinz Leonce

1. Personalien, sozialer Status und äußeres Erscheinungsbild

Leonce ist der Sohn des Königs Peter vom Reiche Popo und gehört damit der obersten Adelsschicht an. Zum Schluss der Handlung wird er als dessen Nachfolger sogar zur mächtigsten Person im Staat. Nachdem er anfangs eine Liaison, also eine oberflächliche Liebesbeziehung, mit Rosetta hatte, begegnet er später Lena und heiratet sie. Fast während der gesamten Zeit steht ihm Valerio zur Seite, mit dem ihn eine Freundschaft verbindet. Über Leonces Aussehen und sein Alter finden sich keine konkreten Angaben (abgesehen von seinen „blonden Locken“, 29, 22), daher lässt sich nur sagen, dass er ein junger Mann, vielleicht in seinen zwanziger Jahren, ist.

2. Wesentliche Charaktereigenschaften und Verhaltensweisen: gelangweilt und melancholisch, antriebs- und ziellos, fremd, respektlos, spöttisch, zynisch

Da er sich mit der Rolle eines Königssohns nicht identifizieren kann und seinen Pflichten deshalb kaum nachkommt, leidet Leonce zu Beginn der Handlung an Langeweile und Melancholie. Antriebslos und ohne höhere Ziele steht er dem gesellschaftlichen Treiben wie ein Fremder gegenüber, schert sich nicht um gute Manieren und behandelt seine Mitmenschen dementsprechend respektlos. So spottet er über die Beine des Hofmeisters (vgl. 6, 7–6, 8) und geht auch mit seinem Kameraden Valerio nicht gerade zimperlich um. Wie zynisch Leonce ist, zeigt sich vor allem in der Szene mit seiner Geliebten Rosetta (1. Akt, 3. Szene), mit der er sich bislang vom Alltagstrott abgelenkt hat. Ihrer überdrüssig geworden, beendet er kurzerhand die Beziehung, hält er Frauen doch für jederzeit austauschbar. Am Ende macht er sich sogar über Rosettas Tränen lustig: „Stelle dich in die Sonne, dass die köstlichen Tropfen krystallisieren, es muss prächtige Diamanten geben. Du kannst dir ein Halsband daraus machen lassen.“ (13, 16 – 13, 19) Empathie und Mitgefühl scheint Leonce nicht zu kennen, zu sehr kreist er um sich und seine Situation. In Wirklichkeit aber hat er mit seinem zur Schau gestellten Sarkasmus nur einen Panzer geschaffen, um sich zu schützen. Ist er allein, verfällt er nicht selten in wehmütiges Grübeln und offenbart dabei seine sensible Seite (vgl. etwa 15, 1 – 15, 14). Und spätestens wenn er sich in Lena verliebt, in der er eine Seelenverwandte zu erkennen glaubt (vgl. 29, 8 – 29, 10), wird deutlich, dass er auch zu Gefühlen gegenüber anderen fähig ist und manchmal gar romantische Anwandlungen hat.

wenig empathisch und mitfühlend
egozentrisch
sarkastisch
wehmütig
sensibel
insgeheim romantisch

Ebenso vielschichtig und facettenreich wie Leonces Charakter ist auch die Art, wie er redet. So bedient er sich im Umgang mit Valerio einer wenig standesgemäßen, gar vulgären Ausdrucksweise, etwa wenn er ihn anfährt: „Halt's Maul mit deinem Lied“ (7, 27). In den Streitereien mit seinem Gefährten beweist er außerdem Sprachwitz und Schlagfertigkeit, indem er immer wieder mit Begriffen und ihren Bedeutungen spielt, dabei auch vor Albernheiten nicht Halt macht, was für seinen Humor spricht (z. B.: „Drück dich besser aus, oder du sollst den unangenehmsten Eindruck von meinem Nachdruck haben“, 16, 11 – 16, 13). Wortspiele setzt Leonce auch bei der Trennung von Rosetta ein, hier aber mit der Absicht, ihre romantischen Annäherungen ironisch zurückzuweisen (vgl. 11, 11 – 12, 21). In anderen Situationen, in denen er melancholisch über sein Schicksal sinniert, schlägt er leisere, ernsthafte Töne an: „Mein Leben gähnt mich an, wie ein großer weißer Bogen Papier […]. Mein Kopf ist ein leerer Tanzsaal, einige

3. Sprachgebrauch und Sprachverhalten: vulgär
Sprachwitz und Schlagfertigkeit
albern, humorvoll
ironische Wortspiele
auch leisere, ernsthafte Töne

verwelkte Rosen und zerknitterte Bänder auf dem Boden, geborstene Violinen in der Ecke, die letzten Tänzer haben die Masken abgenommen und sehen mit todmüden Augen einander an.“ (15, 2 – 15, 8) Solche bildhaften Sätze, die einem romantischen Gedicht entstammen könnten, offenbaren nicht nur Leonces poetische Ader, sondern auch und vor allem seine empfindsame Seele.

poetisch und empfindsam

4. Zusammenfassung/Fazit

Leonce ist eine zutiefst zerrissene Persönlichkeit. Melancholisch und mit sich selbst nicht im Reinen, verfolgt er das gesellschaftliche Rollenspiel um ihn herum mit grimmigem Spott – und sehnt sich doch nach einer Frau, die ihm Liebe und Halt geben könnte. Zweifellos hat Büchner in dieser Figur sich auch selbst dargestellt, litt doch auch er unter Depressionen und hasste den Obrigkeitsstaat und die sozialen Verhältnisse seiner Zeit. Eine glückliche Wendung, wie er sie für seinen Prinzen mit der Hochzeit und Krönung am Ende imaginiert hat, war ihm allerdings nicht vergönnt; er starb schon wenige Wochen nach Abschluss seines Dramas in jungen Jahren.

Valerio

1. Personalien, sozialer Status und äußeres Erscheinungsbild

Valerio scheint ein Einzelgänger zu sein, jedenfalls ist nirgends die Rede von einer Familie oder Bekannten. Auch über seine soziale Herkunft und Position, über sein Alter und Aussehen erfährt man nichts. Da er sich aber dem Prinzen Leonce anschließt, genießt er bereits zu Beginn der Handlung – trotz seiner unangepassten Art – eine durchaus privilegierte Stellung. Zum Schluss wird er sogar zum Staatsminister und damit zu einer mächtigen Person im Reiche Popo.

2. Wesentliche Charaktereigenschaften und Verhaltensweisen:

Gleich bei seinem ersten Auftritt wird deutlich, wie wenig Valerio sich um Anstand und Ansehen kümmert: Ungezwungen und „etwas betrunken“ (Regieanweisung, S. 7 oben) nähert er sich Leonce – wohlgemerkt einem Prinzen, dem man Demut erweisen müsste – und verhält sich ihm gegenüber salopp und kumpelhaft. Sofern er höfliche Umgangsformen überhaupt kennt, sind sie ihm herzlich egal. Frech und respektlos treibt er seine Scherze mit anderen, wie nicht nur Leonce, sondern später auch die Gouvernante von Lena erfahren muss, deren Nase er wenig galant einen „Rüssel“ (28, 16) nennt und mit dem „Turm auf Libanon“ (28, 23) vergleicht. Er spielt die Rolle des Narren, der außerhalb der Gesellschaft steht und seinen Mitmenschen ungeschönt den Spiegel vorhält. So macht er sich immer wieder auch über Leonce lustig, wenn dieser in seinem Weltschmerz versinkt (vgl. etwa 15, 16 – 15, 18), sind ihm dessen existenzielle Grübeleien doch fremd. Auch wenn er offenbar selbst nicht an einen höheren Sinn glaubt, verzweifelt er keineswegs, sondern genießt die angenehmen – insbesondere die kulinarischen – Seiten des Lebens: „Ich weiß nicht, was Ihr wollt“, meint er einmal zu seinem düster gestimmten Gefährten, „mir ist ganz behaglich zumut. Die Sonne sieht aus wie ein Wirtshausschild und die feurigen Wolken darüber, wie die Aufschrift: Wirtshaus zur goldenen Sonne.“ (28, 4 – 28, 6) Zu Valerios hedonistischer, also nach Sinneslust strebender, Einstellung passt auch seine Faulheit, „die ungemeine Fertigkeit im Nichtstun“ (8, 19 – 8, 20), wie er selbst „mit Würde“ (8, 16) betont. In großer Abscheu vor Arbeit verlässt er sich ganz auf seinen Verstand, um bequem durchs Leben zu gehen. Nicht zufällig ist er es, der auf die Idee der Maskerade von Leonce und Lena kommt (vgl. 33, 19 – 33, 22) – und sich dadurch den angenehmen Posten eines Ministers verschafft. Trotz aller Faulheit ist Valerio mithin einfallsreich und clever.

ungezwungen, salopp und kumpelhaft

frech und respektlos

narrenhaft

spöttisch

genießend

faul

einfallsreich und clever

Seine Lebensfreude und Wachheit spiegeln sich auch in seinem Sprachgebrauch und -verhalten wider. Abgesehen vom Protagonisten Leonce ist Valerio die Figur mit dem größten Redeanteil. Meist scheint er aus bloßer Lust an der Sprache zu plaudern, sucht immer wieder nach einer

3. Sprachgebrauch und Sprachverhalten:

witzig, teils mit kindischem und derbem Humor

witzigen Pointe und schreckt dabei auch nicht vor kindischem und derbem Humor zurück: „Man darf Kinder nicht während des Pissens unterbrechen“, meint er einmal mit Blick auf den in seiner Mitteilung stockenden Präsidenten, „sie bekommen sonst eine Verhaltung.“ (17, 24 – 17, 25) An vielen Stellen zeigt er sich spöttisch, um sich von anderen zu distanzieren: „Eure Hoheit scheint mir wirklich auf dem besten Weg, ein wahrhaftiger Narr zu werden“ (15, 16 – 15, 18), meint er trocken zu Leonce, nachdem dieser in einem langen und empfindsamen Monolog sein Schicksal beklagt hat. Sprachwitz und Schlagfertigkeit beweist Valerio aber insbesondere in den zahlreichen Wortgefechten mit seinem Gefährten, in denen er höchst originell mit Begriffen und ihren Bedeutungen spielt. So meint er einmal: „Es ist eine traurige Sache um das Wort ‚kommen‘“ (19, 3) und führt daraufhin etliche Varianten mit diesem Wortstamm auf, die seinem Vortrag immer wieder neue, überraschende Wendungen geben (vgl. 19, 2 – 19, 11).

spöttisch

Sprachwitz und Schlagfertigkeit

4. Zusammenfassung/Fazit

Valerio steht fast während des gesamten Stückes an der Seite des Prinzen Leonce und erfüllt damit eine wichtige dramaturgische Aufgabe. Dadurch, dass er sich permanent mit der Hauptfigur austauscht, erfährt der Leser/die Leserin von deren Gedanken, Gefühlen und Plänen. Über diese Funktion eines sog. „Sidekicks“ hinaus bereichert er Büchners Drama aber auch als eigenständige, besonders schillernde Figur, nicht zuletzt durch seine Wortspiele und Scherze, den zur Schau gestellten Sarkasmus und seine frechen Manieren. Außerdem spielt er für den Handlungsverlauf eine wichtige Rolle: Er allein hat die Idee, Leonce und Lena könnten als Automaten verkleidet in die Heimat zurückkehren, und sorgt damit für das abschließende Happy End.

König Peter

Peter ist zu Beginn der Handlung König des Reiches Popo und damit die mächtigste Person im Staat. Nach der Hochzeit seines Sohnes Leonce am Ende dankt er ab und übergibt diesem seinen Thron. Er ist zwar häufig von seinen Kammerdienern und Beamten umgeben, lebt aber offenbar in keiner Beziehung, jedenfalls wird eine Ehefrau an keiner Stelle erwähnt. Auch über sein Aussehen und sein Alter wird nichts gesagt.

1. Personalien, sozialer Status und äußeres Erscheinungsbild

Keine der Wesenszüge, die man im Allgemeinen mit einem König verbindet, zeigt Peter. Im Gegensatz zu einem weisen Monarchen, der sein Reich umsichtig führt, ist er dumm und vergesslich. Schon in der Ankleideszene (1. Akt, 2. Szene) bringen ihn die einfachsten Sachverhalte in „Verwirrung“ (10, 7) und er weiß nicht einmal mehr, woran ihn „der Knopf im Schnupftuch“ (9, 14) erinnern soll: Peter hat tatsächlich sein Volk vergessen – ein Zeichen nicht nur seiner geistigen Beschränktheit, sondern auch seiner Verantwortungslosigkeit und Egozentrik. Kein Wunder also, dass er zum Schluss die Macht abgibt, um sich ganz den eigenen Interessen zu widmen (vgl. 42, 9–42, 12). Insgeheim aber scheint er seine Schwächen zu kennen, zumindest fühlt er sich gegenüber anderen Menschen unsicher. Er selbst gibt zu, bei öffentlichen Auftritten eine „Verlegenheit“ (10, 14) zu spüren – ganz so, als ahnte er insgeheim, welch eine Witzfigur er ist. Besonders lächerlich macht ihn die Kluft zwischen seiner offenkundigen Dummheit und dem Bestreben, klug und belesen auf seine Untertanen zu wirken, denen er in eitler Überheblichkeit auch noch unterstellt, selbst nicht zu „denken“ (9, 5).

2. Wesentliche Charaktereigenschaften und Verhaltensweisen: dumm und vergesslich verwirrt

verantwortungslos und egozentrisch

schwach und unsicher

verlegen

lächerlich

eitel und überheblich

Dieser Widerspruch zwischen Wirklichkeit und Wunsch zeigt sich auch in Peters Sprachgebrauch und -verhalten. Ständig führt er philosophische Sätze („Die Substanz ist das an sich“, 9, 5–9, 6) und Begriffe („Akzidenzien“, „Mo-

3. Sprachgebrauch und Sprachverhalten: philosophiert ohne Sinn und Verstand

ral“, „Kategorien“, 8, 9–9, 11) an, verwendet sie aber in völlig unpassendem, meist banalem Zusammenhang – etwa wenn er mit Blick auf seine Hose vom offen stehenden „freie[n] Wille[n]“ (9, 9–9, 10) spricht – und unterstreicht damit seine Ignoranz. Auch zwischen seiner Aufgabe als Herrscher, der Befehle und Anweisungen zu geben hat, und seinem tatsächlichen Umgang mit anderen klafft eine riesige Diskrepanz. So wendet er sich in seiner Verwirrung immer wieder Hilfe suchend an seine Diener und Beamten (vgl. etwa 9, 14–9, 15), lobt sie für die trivialsten Antworten, indem er sie etwa „meine Weisen“ (10, 29) nennt, spricht häufig in konfusen und unvollständigen Sätzen (vgl. etwa 10, 16–10, 20) zu ihnen und benimmt sich auch später gegenüber Valerio alles andere als führungsstark, wenn er „verlegen“ stottert: „Aber – aber etwas müsst Ihr denn doch sein?“ (39, 1–39, 2) In einem Wort: Auch und vor allem in seinem sprachlichen Verhalten wird er der Rolle als König nicht gerecht.

ignorant

verwirrt, unsicher

konfuse und unvollständige Sätze

verlegenes Stottern

4. Zusammenfassung/Fazit

Peter ist zweifellos die lächerlichste Figur des Dramas. In seiner grotesken Dummheit und Vergesslichkeit, seinem peinlichen Auftreten und der zur Schau gestellten Eitelkeit gleicht er eher einer Karikatur als einem Menschen aus Fleisch und Blut. Freilich wurde er vom Autor bewusst so gestaltet, personifiziert Peter doch allgemein die spätabsolutistische Herrschaftsform, aber auch das philosophische Denken der damaligen Zeit – beides Erscheinungen, die nach Büchners Überzeugung der Lebenswelt der Menschen nicht mehr entsprechen, deren Freiheit beschneiden und daher abzulehnen und zu bekämpfen sind. In der Figur des Königs zeigt sich somit besonders deutlich, dass das Drama „Leonce und Lena“ keineswegs ein harmloses Lustspiel ist, sondern in Wirklichkeit eine Satire, die beißende Kritik an politischen und sozialen Missständen übt.

Prinzessin Lena

Prinzessin Lena gehört zu Beginn der Handlung zur höchsten Adelsschicht des Reiches Pipi, wird aber am Ende durch die Vermählung mit Leonce zur Ehefrau des neu gekrönten Königs vom Reiche Popo. Bevor sie Leonce begegnet, lebt sie in keiner Beziehung mit einem Mann, ihr zur Seite steht aber ihre fürsorgliche Gouvernante. Im gesamten Stück finden sich weder Beschreibungen ihres Aussehens noch Angaben zu ihrem Alter. So kann man nur allgemein davon ausgehen, dass sie eine junge Frau, vielleicht noch eine Jugendliche ist.

1. Personalien, sozialer Status und äußeres Erscheinungsbild

Lena entspricht dem Klischee der „romantischen Frau“, die ganz von ihren Gefühlen bestimmt wird und daher naiv und hilflos durchs Leben geht. Selbst eher passiv und unsicher, vertraut sie der Erfahrung und Weitsicht ihrer Gouvernante und überlässt dieser auch wichtige Entscheidungen wie die Flucht aus der Heimat. Dabei hat es häufig den Anschein, als sei sie gar nicht richtig präsent, sondern verliere sich in ihren Fantasien und Träumen. Nachdem sie von der geplanten, aber ihr verhassten Hochzeit mit Leonce erfahren hat, steigert sie sich in Todessehnsucht hinein – „der Rasen wüchse so über mich“ (21, 7 – 21, 8) –, zitiert düstere Liedstrophen (vgl. 21, 11 – 21, 12) und stimmt der Gouvernante sogar zu, als diese sie mit einem „Opferlamm“ (22, 11) vergleicht. Und tatsächlich rückt Lena mit dem Ausruf „Mein Gott, mein Gott, ist es denn wahr, dass wir uns selbst erlösen müssen mit unserem Schmerz?“ (22, 12 – 22, 14) ihr eigenes Leid auf eine Stufe mit dem Leid Christi und offenbart damit ihre tiefe Verzweiflung, aber auch einen gewissen Hang zur Übertreibung und Theatralik. Ebenfalls typisch für eine Romantikerin wie sie ist es, wie schnell sie sich später in Leonce verliebt. Im Innersten „einsam“ und auf der Suche „nach einer Hand, die einen hielte“ (21, 16), empfindet sie schon bei der ersten Begegnung Empathie

2. Wesentliche Charaktereigenschaften und Verhaltensweisen:
naiv und hilflos
passiv und unsicher
träumerisch
lebensmüde
verzweifelt
Hang zur Übertreibung und Theatralik
romantisch
einsam
empathisch

mit dem traurigen Unbekannten und muss bald unentwegt an ihn denken. Kein Wunder also, dass sie der Heirat am Ende glücklich zustimmt – hat sie in ihrem Ehemann doch einen neuen Halt im Leben gefunden.

3. Sprachgebrauch und Sprachverhalten: klagt über eigene Befindlichkeiten Selbstmitleid

In ihrer verträumten, nach innen gewandten Art kreist Lena auch im Sprechen meist um sich und ihre Befindlichkeiten. Dabei klagt sie häufig über ihr Schicksal und versinkt in Selbstmitleid, etwa wenn sie mit Blick auf die anstehende, zunächst verhasste Hochzeit meint: „Ist es denn wahr, die Welt sei ein gekreuzigter Heiland, die Sonne seine Dornenkrone und die Sterne die Nägel und Speere in seinen Füßen und Lenden?“ (22, 14 – 22, 17) Sätze wie diese zeigen ihr poetisches Talent: Lena verwendet immer wieder ergreifende Bilder und Metaphern, insbesondere aus dem christlichen Kontext, aber auch aus der Natur („die Sonnenstrahlen wiegen sich an den Grashalmen wie müde Libellen“, 22, 8 – 26, 9) – nicht selten wirken ihre Worte geradezu lyrisch. Vor allem ihr gedankenversunkener Monolog im Garten (vgl. 30, 24 – 31, 8) könnte in seiner dunklen Symbolik („Wie der tote Engel auf seinem dunkeln Kissen ruht“, 31, 3 – 31, 4), der auffälligen Vokalgestaltung („die goldnen Locken“) und Rhythmik („Ach es ist traurig, tot und so allein“, 31, 7 – 31, 8) ebenso gut ein romantisches Gedicht sein. Deshalb hat es zuweilen den Anschein, als wende sich Lena mit ihren Sätzen gar nicht an andere, um ihnen etwas mitzuteilen, sondern spreche vielmehr zu sich selbst, um ihrer Gefühlswelt Ausdruck zu verleihen. So ist es nur konsequent, dass sie nach dem abschließenden „Ja“-Wort (41, 14) gegenüber Leonce – und damit am Ziel ihrer romantischen Sehnsucht – abgesehen von kurzen Ausrufen wie „O Vorsehung“ (42, 1) nichts mehr zu sagen hat.

poetisch

Bilder und Metaphern, vor allem aus dem christlichen Kontext und der Natur

lyrisch

gedankenversunkener Monolog

nach innen gewandt

4. Zusammenfassung/Fazit

Obwohl der Titel von Büchners Drama eine Gleichrangigkeit der beiden Hauptfiguren suggeriert, steht Lena doch deutlich im Schatten Leonces. Die Handlung kreist insbesondere um ihn und sein Schicksal, in dem die Prinzessin lediglich eine bestimmte Rolle einnimmt. Im Gegensatz zu Leonces vielschichtigem Wesen erfüllt Lena nur das Klischee der „romantischen Frau", die ganz von ihren Gefühlen bestimmt wird und häufig überreagiert. Dem bekannten Stereotyp entsprechend, sehnt sie sich nach einem Mann, der ihr im Leben beisteht. Wirklich neue, überraschende Nuancen finden sich in ihrem Charakter nicht.

Die Gouvernante

1. Personalien, sozialer Status und äußeres Erscheinungsbild

Als Gouvernante, d.h. Erzieherin und Hauslehrerin, der Prinzessin Lena gehört diese Figur – ihren Namen erfährt man nicht – der oberen Schicht des Reiches Pipi an. Sie pflegt ein geradezu mütterliches Verhältnis zu ihrem Zögling, von eigenen Kindern oder einem Ehemann ist nirgends die Rede. Nicht zuletzt weil sie spontan mit Lena zur Flucht aufbricht, ist zu vermuten, dass sie alleinstehend ist und keine anderen sozialen Verpflichtungen hat. Sie scheint schon recht alt zu sein, jedenfalls meint sie angesichts der glücklichen Hochzeit von Leonce und Lena am Ende: „Dass meine alten Augen das sehen konnten! [...] Jetzt sterb ich ruhig." (42, 6–42, 7) Über ihr äußeres Erscheinungsbild wird nichts ausgesagt – abgesehen davon, dass sie, so legen es die Ausrufe Valerios (vgl. 28, 16) und eines Dieners (vgl. 38, 22–38, 24) nahe, eine ungewöhnlich große Nase hat.

2. Wesentliche Charaktereigenschaften und Verhaltensweisen: fürsorglich selbstlos und aufopferungsvoll empathisch und tröstend tatkräftig durch Ratschläge klug und weitsichtig

Die Gouvernante ist eine zutiefst fürsorgliche Person. Sie behandelt ihre Schutzbefohlene wie eine eigene Tochter und wird von dieser dementsprechend „liebe Mutter" (30, 7) genannt. Ganz um Lenas Wohl besorgt, denkt sie nicht an sich und ihre eigenen Belange, sondern steht der jungen Frau selbstlos und aufopferungsvoll zur Seite. Dabei unterstützt sie die Prinzessin nicht nur durch empathisches Zuhören, Trost und Fürsprache, sondern auch tatkräftig durch Ratschläge – auch ein Indiz für ihre Klugheit und Weitsicht.

pragmatisch zupackend
resolut
geistesgegenwärtig und couragiert

So ist sie es, die den Plan entwickelt, Lenas anfangs unerwünschte Hochzeit mit Leonce durch eine Flucht zu verhindern, wie durch ihre Bemerkung „Ich habe so etwas im Kopf“ (22, 20) deutlich wird. Diese pragmatisch zupackende Art äußert sich auch später in der Begegnung mit Valerio, auf dessen Frechheiten sie resolut reagiert (vgl. 28, 19–28, 21), womit sie Geistesgegenwart und Courage beweist.

3. Sprachgebrauch und Sprachverhalten: fürsorglich und mitfühlend
empathisches Nachfragen
vornehm und gebildet
auch emotional und energisch
selbstbewusst und schlagfertig

Die Wesenszüge der Gouvernante zeichnen sich auch in ihrem Sprachgebrauch und -verhalten ab. Gemäß ihrem fürsorglichen Charakter stellt sie sich ganz auf die Befindlichkeiten der Prinzessin ein, nennt sie mitfühlend „[a]rmes Kind“ (21, 13) oder „lieber Engel“ (22, 10) und ermuntert sie durch kurze, empathische Nachfragen wie „Nun?“ (22, 2), sich zu offenbaren und das innere Leid zu klagen. Dabei nimmt sie sich meist zurück, wird gleichsam zu einem Spiegel für Lena, in dem sich diese besser verstehen lernt. Sobald die Gouvernante doch einmal mehr spricht, zeigt sie sich ihrem Beruf entsprechend vornehm und gebildet, so etwa wenn sie Friedrich Schillers Figur „Don Carlos“ (21, 22) oder die „heilige[] Odilia“ (26, 5) zum Vergleich heranzieht. Dass sie ihre gute Erziehung in emotionalen Situationen auch einmal vergessen kann, wird in ihrer Auseinandersetzung mit Valerio deutlich, den sie energisch und „heftig erzürnt“ (28, 19) mit folgenden Worten zurechtweist: „Warum reißen Sie, Geehrtester, das Maul so weit auf, dass Sie einem ein Loch in die Aussicht machen?“ (28, 19–28, 21) Dieser Gefühlsausbruch unterstreicht, dass sie trotz ihrer zurückhaltenden Art eine selbstbewusste und schlagfertige Frau ist, die sich gegenüber unverschämten Menschen zur Wehr zu setzen weiß.

4. Zusammenfassung/Fazit

Die Gouvernante ist nicht nur eine Nebenfigur, die durch ihr empathisches Wesen Emotionalität und damit Menschlichkeit in Büchners sarkastisches, zuweilen gar zynisches Stück bringt. Sie erfüllt darüber hinaus auch eine wichtige

Funktion hinsichtlich der Personenkonstellation und gleicht hierbei auffallend einer anderen Nebenfigur: Ähnlich wie Valerio für Leonce ist die Gouvernante eine Begleitfigur von Lena, die sie unterstützt und in den Dialogen auf neue Perspektiven und Ideen bringt. Durch ihre Nachfragen und Ermutigungen werden die Gedanken und Gefühle der Prinzessin verbalisiert und somit dem Leser/der Leserin bekannt. Darüber hinaus spielt die Gouvernante auch für die Handlung eine entscheidende Rolle, gibt sie Lena doch den Rat, gemeinsam zu fliehen, und trägt damit wesentlich zur Entwicklung der Ereignisse bei.

Der Blick auf den Text: Die Textanalyse

Einen Textauszug analysieren – Tipps und Techniken

Für die Analyse eines Textauszugs stehen grundsätzlich zwei verschiedene Methoden zur Auswahl: die Linearanalyse und die aspektgeleitete Analyse.

In der **Linearanalyse** werden die einzelnen Abschnitte systematisch analysiert, das heißt ihrer Reihenfolge nach. Dies führt in der Regel zu genauen und detaillierten Ergebnissen. Allerdings besteht dabei die Gefahr, dass zu kleinschrittig gearbeitet wird und die übergeordneten Deutungsaspekte des Auszugs aus dem Blick geraten.

In der **aspektgeleiteten Analyse** werden diese Deutungsschwerpunkte von vornherein festgelegt. Daraus ergibt sich in der Regel eine problemorientierte und zielgerichtete Vorgehensweise. Dabei werden jedoch die Deutungsaspekte, die nicht im Fokus des Interesses stehen, vernachlässigt.

Aufbauschema:

1. **Einleitung:**
   Themensatz: Autor/Autorin, Titel, Textsorte, Erscheinungsjahr, Thema, kurze Inhaltsangabe

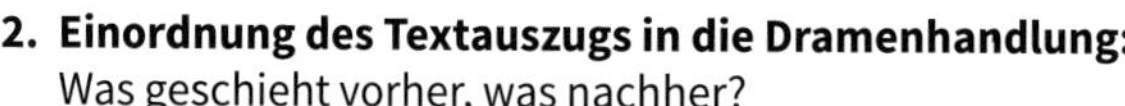

2. **Einordnung des Textauszugs in die Dramenhandlung:**
   Was geschieht vorher, was nachher?

3. **Inhaltlicher Aufbau:**
   - Auflistung der Textabschnitte/ Textgliederung

4. **Beschreibung und Deutung der unter 3. angegebenen Textabschnitte:**
   - Aussagen zum Inhalt des Abschnitts
   - Aussagen zur Deutung, Einbettung in den Zusammenhang der Dramenhandlung
   - Einbezug der sprachlichen Gestaltung
   - Überleitung zum nächsten Textabschnitt

3. **Untersuchungsschwerpunkte:**
   - Auflistung der ausgewählten Aspekte

4. **Beschreibung und Deutung der unter 3. angegebenen Aspekte:**
   - Benennen des jeweiligen Aspekts
   - Aussagen zur Deutung, Einbettung in den Zusammenhang der Dramenhandlung
   - Einbezug der sprachlichen Gestaltung

5. **Schluss**
   - Zusammenfassung der Ergebnisse
   - Einordnung in einen größeren Deutungszusammenhang
   - Bewertung

Beispielanalyse (linear)
Erster Akt, erste Szene (5, 1 – 9, 2)

Aufgabe: Analysieren (beschreiben und deuten) Sie den vorliegenden Textauszug aus Georg Büchners Drama „Leonce und Lena“.

Einleitung

Der vorliegende Textauszug ist die erste Szene des ersten Aktes von Georg Büchners 1836 entstandenem Drama „Leonce und Lena“. Das Stück handelt von Prinz Leonce und Prinzessin Lena, die – einander völlig unbekannt – ihrer von oben angeordneten Verheiratung jeweils durch die Flucht nach Italien entgehen wollen. Auf der Reise begegnen sie sich zufällig und verlieben sich ineinander, ohne ihre wahre Identität zu kennen, kehren daraufhin als Automaten verkleidet in die Heimat zurück und werden schließlich doch noch glücklich vermählt. Trotz seiner Bezeichnung als „Lustspiel“ und der zahlreichen Szenen und Textpassagen, die von – manchmal subtilem, häufig auch derbem – Humor geprägt sind, bietet das Drama keineswegs nur heitere Unterhaltung. Im Gegenteil, Büchner übt darin scharfe Kritik am Obrigkeitsstaat und den sozialen Verhältnissen seiner Zeit, die er auch in anderen Werken, nicht zuletzt in der Streitschrift „Der Hessische Landbote“, angeprangert hat.

Einordnung des Textauszugs in die Dramenhandlung

Als erste Szene des Stückes führt die zu analysierende Textpassage in die Handlung ein. Dabei fällt auf, dass sich der zentrale Konflikt, also die beschlossene Hochzeit, die unbedingt zu vermeiden ist, hier noch *nicht* abzeichnet, was untypisch für den Beginn eines traditionellen Dramas ist. Stattdessen lernt der Leser/die Leserin den Protagonisten Leonce kennen, der während der gesamten Szene im Mittelpunkt steht. Insbesondere sein melancholischer Charakter und tiefer Weltschmerz, seine damit verbundene Langeweile und Faulheit, aber auch sein frecher, respektloser

Umgang mit anderen werden bereits hier deutlich. Darüber hinaus begegnet Leonce in der Szene Valerio, der ihn bis zum Schluss begleiten wird und als sog. „Sidekick“ eine wichtige dramaturgische Aufgabe erfüllt.

Aufbau des Textauszugs

Der Textauszug lässt sich hinsichtlich der jeweils auftretenden Figuren in drei Abschnitte unterteilen. Während Leonce im ersten Abschnitt (5, 1 – 6, 9) mit dem Hofmeister spricht und sich dabei mit seiner zur Schau gestellten Langeweile und den schlechten Manieren alles andere als standesgemäß verhält, ist er im zweiten Abschnitt (6, 10 – 6, 30) allein und klagt in einem langen Monolog über sein Außenseitertum in einer auf ihn lächerlich und absurd erscheinenden Gesellschaft. Im dritten Abschnitt (7, 1 – 9, 2) schließlich lernt er Valerio kennen und unterhält sich mit ihm so ungezwungen, als wären die beiden längst alte Freunde.

Beschreibung und Deutung der Textabschnitte: Abschnitt I

Gleich zu Beginn der Szene gewinnt der Leser/die Leserin einen Eindruck von Leonces Charakter. Er sitzt „halb ruhend auf einer Bank“, wie es in der Regieanweisung heißt, und macht keine Anstalten, sich vom Hofmeister „auf [s]einen Beruf vorbereiten“ (5, 1 – 5, 2) zu lassen. Gelangweilt und faul sträubt er sich gegen die Erfüllung seiner Pflichten. Stattdessen habe er, so erklärt er seinem Gegenüber sarkastisch, „auf den Stein hier dreihundertfünfundsechzig Mal hintereinander zu spucken“ (5, 3 – 5, 5), für jeden Tag des Jahres ein Mal, was seinen Lebensüberdruss unterstreicht. Dass er unter dem Gefühl der Sinnlosigkeit leidet, deutet sich auch in seiner Frage an, ob der Hofmeister an Gott, also an eine übergeordnete Wahrheit, glaube (vgl. 5, 9 – 5, 10). Leonce selbst fehlt offenbar eine solche religiöse Stütze, und so fühlt er sich – selbst bei Alltäglichkeiten wie dem Anblick dahinziehender Wolken – „ganz melancholisch“ (6, 2).

Der Grund dieser Schwermut liegt nicht zuletzt in seiner Abneigung gegenüber der Adelsschicht, der er wider Willen angehört. Offenbar kann er sich so wenig mit seiner ihm zugeschriebenen Rolle als Prinz – und damit als künftigem König – identifizieren, dass er eine tiefe Zerrissenheit in sich spürt. Wie wenig er von der höfischen Gesellschaft hält, wird insbesondere in seinem Umgang mit dem Hofmeister deutlich. Zeigt er bereits im Gespräch durch sarkastische, einen ernsthaften Austausch verhindernde Bemerkungen wenig Respekt, so überschreitet er die Grenzen der Höflichkeit endgültig, als er sich beim Abschied über die O-Beine des sich verbeugenden Beamten lustig macht: „Mein Herr, ich gratuliere Ihnen zu der schönen Parenthese“ (6, 7–6, 8). Mit diesem Satz verhöhnt er nicht nur sein Gegenüber, sondern mit ihm auch die Umgangsformen und Rituale am Hofe.

Abschnitt II

Aber nicht nur der feudalen Welt, auch der Gesellschaft allgemein steht Leonce kritisch und fremd gegenüber, wie sich im zweiten Abschnitt zeigt. In einem langen Monolog klagt er hier über das lächerliche Rollenspiel, das überall um ihn herum aufgeführt wird. Für ihn handeln die Menschen keineswegs aus einem tieferen Sinn, sondern aus „Müßiggang“ (6, 12) und „Langeweile“ (6, 14), ohne dies zu erkennen, „und meinen Gott weiß was dazu“ (6, 18–6, 19), nehmen sich und ihr Leben also viel zu ernst. Leonce aber ist zu intelligent und zu reflektiert, als dass er bei diesem Theater mitmachen könnte, auch wenn er sich insgeheim danach sehnt: „Warum kann ich mir nicht wichtig werden und der armen Puppe einen Frack anziehen und einen Regenschirm in die Hand geben, dass sie sehr rechtlich und sehr nützlich und sehr moralisch würde?“ (6, 22–6, 25) Aber obwohl er sich wünscht, „jemand anderes [zu] sein“ (6, 27), und den Hofmeister um dessen Aufgehen in sozialen Normen und Werten beneidet (vgl. 6, 25–6, 27), scheint er sich mit seinem Außenseitertum längst abgefunden zu haben.

Mit Blick auf die Gesamthandlung wird jedoch auch deutlich, dass der Monolog bereits den Schluss des Dramas vorwegnimmt. Wenn Leonce seinem Vater in der letzten Szene (3. Akt, 3. Szene) als Automat verkleidet unter die Augen tritt, ist er gleichsam doch noch zu „jemand andere[m]" geworden, der sich den gesellschaftlichen Erwartungen nun fügt, eine Frau heiratet und König wird. Er hat seinen widerspenstigen Charakter gewissermaßen abgestreift und der „Puppe" einen „Frack" angezogen, spielt im Alltagstheater letztlich also, zumindest scheinbar, doch mit. Insofern bildet die erste Szene, insbesondere Leonces Monolog im zweiten Abschnitt, mit der letzten Szene auch inhaltlich den Rahmen des Dramas.

Abschnitt III

Der dritte Abschnitt beginnt mit dem Auftritt einer neuen Figur, nämlich Valerios. Schon nach wenigen Sätzen ist klar, dass es sich bei ihm um einen faulen Herumtreiber und frechen Sprücheklopfer handelt, dem höfliche Umgangsformen ebenso fremd sind wie Leonce. Ungezwungen und „etwas betrunken" (Regieanweisung, S. 7 oben) nähert er sich dem Prinzen und verhält sich ihm gegenüber salopp und kumpelhaft. Einander noch völlig unbekannt, scheinen sich die beiden sogleich sympathisch zu finden und scherzen miteinander wie alte Freunde. Nachdem Valerio schließlich gestanden hat, „eine ungeheure Ausdauer in der Faulheit" (8, 20 – 8, 21) zu haben und „noch Jungfrau in der Arbeit" (8, 23) zu sein, erkennt Leonce gar einen Seelenverwandten in ihm und ruft enthusiastisch aus: „Komm an meine Brust!" (8, 26) Valerio wird Leonce von nun an bis zum Ende der Handlung begleiten. Er fungiert als eine Art „Sidekick", also als eine besonders wichtige Nebenfigur, die nicht zuletzt die dramaturgische Aufgabe hat, sich die Gedanken und Gefühle, Motive und Pläne des Protagonisten mitteilen zu lassen, sodass auch der Leser/die Leserin von ihnen erfährt.

Darüber hinaus bringt Valerio aber auch neue Themen und unerwartete Perspektiven in die Gespräche mit ein. Gleich in seinen ersten vorgebrachten Sätzen klingen Motive der Romantik an. So will er sich „in das Gras legen [...] und romantische Empfindungen beziehen, wenn die Bienen und Schmetterlinge sich darauf wiegen, wie auf einer Rose" (7, 7–7, 10), und scheint damit zu den Naturschwärmern zu gehören, wie sie in dieser Epoche häufig anzutreffen waren. Dieser Eindruck verfliegt jedoch schnell, als er sein „Gefühl für die Natur" genauer beschreibt: „Das Gras steht so schön, dass man ein Ochs sein möchte, um es fressen zu können, und dann wieder ein Mensch, um den Ochsen zu essen, der solches Gras gefressen." (7, 14–7, 17) Das romantische Motiv wird ironisiert, steckt hinter der angeblichen Liebe zur Natur doch nur profane Genusssucht. Ganz ähnlich verhält es sich kurz darauf mit Valerios geäußertem Wunsch „Wer will mir seine Narrheit gegen meine Vernunft verhandeln?" (8, 1–8, 2). Auch hier wird ein zentrales Motiv der Romantik – nämlich die Kritik an einer allzu dominanten Vernunft zugunsten eines befreienden Narrentums – angesprochen, aber ebenfalls ironisiert. Denn spätestens bei Valerios folgendem Monolog (vgl. 8, 2–8, 14), in dem er in den schrillsten Bildern die Adeligen als versponnene Narren beschreibt, während er seine „gesunde[] Vernunft" (8, 12–8, 13) beklagt, zeigt sich, dass in Wirklichkeit er der Narr ist – freilich ein kluger Narr, der hinter die Kulissen der feinen Gesellschaft geblickt hat und sich nichts mehr vormachen lässt. So zeigt sich bereits in diesem Abschnitt Büchners Umgang mit der literarischen Tradition: Er bedient sich verschiedener Elemente – hier: zentraler Motive – des romantischen Lustspiels, ironisiert und verspottet sie aber und distanziert sich damit indirekt von dieser Dramenform, die er für seine sozialkritischen Zwecke als ungeeignet erachtet.

Als erste Szene führt der vorliegende Textauszug in das Drama „Leonce und Lena“ ein. Auch wenn der zentrale Konflikt hier noch nicht angedeutet ist, lernt der Leser/die Leserin doch schon einen der Protagonisten, nämlich Leonce, kennen. Die Wortgefechte, die sich der Prinz mit Valerio in ihrem ersten Aufeinandertreffen liefert, lassen den – nicht selten derben – Humor erahnen, der das gesamte Stück bestimmt. Außerdem klingen im analysierten Abschnitt bereits einige wichtige Motive des Dramas an: insbesondere jene der Langeweile und Melancholie, aber auch die romantischen Motive der Naturschwärmerei und Vernunftkritik, die von Büchner allerdings ironisiert werden. Schluss

Beispielanalyse (aspektgeleitet)
Erster Akt, dritte Szene (11, 4 –15, 20)

Aufgabe: Analysieren (beschreiben und deuten) Sie den vorliegenden Textauszug aus Georg Büchners Drama „Leonce und Lena“.

Der vorliegende Textauszug stammt aus Georg Büchners Drama „Leonce und Lena“, das 1836 entstanden ist und 1895 uraufgeführt wurde. Im Zentrum des Stückes stehen Prinz Leonce und Prinzessin Lena, die gegen ihren Willen und einander völlig unbekannt verheiratet werden sollen und deshalb jeder für sich nach Italien fliehen. Auf ihrer Reise begegnen sie sich zufällig, verlieben sich ineinander, ohne ihre wahre Identität zu erahnen, und kehren schließlich in die Heimat zurück, um dort als Automaten verkleidet königliche Hochzeit zu feiern. Erst nach dem Ja-Wort erfahren sie, wer ihr Gegenüber ist, begrüßen nun aber die glückliche Fügung des Schicksals – zumal Leonce nun auch König werden soll. Was man aufgrund des Plots, also Handlungsgerüsts, für ein amüsantes Lustspiel der Romantik in der Tradition Clemens Brentanos halten könnte, erweist Einleitung sich in Wirklichkeit als beißende Sozialsatire. Im Deckmantel einer harmlosen Komödie übt Büchner mit seinem Stück „Leonce und Lena" scharfe Kritik am überkommenen Obrigkeitsstaat seiner Zeit und hält der adeligen Gesellschaft spöttisch den Spiegel vor.

Einordnung des Textauszugs in die Dramenhandlung

Der zu analysierende Textabschnitt ist der dritten Szene des ersten Aktes entnommen, gehört also noch zu den einleitenden Teilen des Dramas. Nachdem Leonce in der ersten Szene eingeführt worden ist, handelt dieser Abschnitt davon, wie er die Beziehung zu seiner Geliebten Rosetta aus Langeweile beendet und danach, als er wieder allein ist, einen langen trübsinnigen Monolog hält. Mit Blick auf die weiteren Ereignisse ist der Textauszug insbesondere deshalb wichtig, weil der Leser/die Leserin hier erfährt, dass Leonce zum Zeitpunkt, in dem er Lena kennenlernt, nicht gebunden ist. So ist es aus dramaturgischer Sicht nur konsequent, dass er direkt nach der Trennung von der geplanten Vermählung erfährt und dadurch die eigentliche Handlung mit ihrem zentralen Konflikt einsetzt.

Untersuchungsaspekte

Wegen der belastenden Situation, die Beziehung zu einem vertrauten Menschen zu beenden und danach wieder auf sich selbst zurückgeworfen zu sein, treten in der zu analysierenden Szene einige Charaktereigenschaften Leonces hervor, die sonst durch seinen fröhlichen Umgang mit Valerio meist verdeckt bleiben. Eng mit diesen Wesenszügen verbunden, klingen im Textauszug zentrale Motive der Romantik an, werden aber sogleich wieder ironisiert – ein Hinweis darauf, dass es sich bei Büchners Drama nur scheinbar um ein romantisches Lustspiel handelt. Der vorliegende Auszug soll im Folgenden hinsichtlich dieser beiden Aspekte analysiert werden.

Beschreibung und Deutung der Aspekte:

Nachdem Leonces Langeweile, Melancholie und Lebensüberdruss bereits zuvor (1. Akt, 1. Szene) zum Ausdruck gekommen sind, zeigt sich nun, dass er sich von diesen

I. Aspekt: Leonces Charakter

Stimmungen durch sinnliche Genüsse abzulenken versucht. Gleich zu Beginn der Szene, die in einem „reich geschmückte[n] Saal" (Regieanweisung am Anfang, S. 11) spielt, ruft er aus: „Weg mit dem Tag! Ich will Nacht, tiefe ambrosische Nacht." (11, 4–11, 5) Offenbar will er dem eintönigen Alltag durch nächtliche Feste entfliehen, in denen er sich an „Wein" (11, 8), köstlichen Speisen (vgl. das Attribut „ambrosisch"), „Musik" (11, 9) und Frauen berauschen kann. Dabei sind ihm auch seine Liebschaften nur Mittel zum Zweck, kurzfristige Vergnügungen wie Alkoholgenuss oder der Klang von „Violinen" (11, 10). „Mein Gott", klagt Leonce einmal, „wie viel Weiber hat man nötig, um die Scala der Liebe auf und ab zu singen?" (14, 19–14, 20) Bei seinen Beziehungen geht es ihm nicht um die Frauen als einzigartige und liebenswerte Persönlichkeiten, sondern um die – vermutlich vor allem sexuellen – Genüsse, die er im Beisammensein mit ihnen erlebt. Diese Wertschätzung irdischer Sinnesfreuden in der Art des „Epikuräismus" (13, 16), einer antiken Weltanschauung, die Leonce ausdrücklich nennt, geht so weit, dass für ihn sogar das Ende einer Beziehung einen besonderen Reiz hat: „O, eine sterbende Liebe ist schöner, als eine werdende." (13, 9–13, 10) Sei die Liebe „begraben", so bleibe doch der zu bewahrende „Eindruck" von ihr (14, 8–14, 9). Jede Empfindung, ob schön oder traurig, ist ihm willkommen, solange sie nur seine endlose Langeweile vertreibt.

Wie egozentrisch und grausam diese Einstellung ist, muss Rosetta in der zu analysierenden Szene erfahren. Gelangweilt von ihr, beendet Leonce das Verhältnis – und wählt dafür keineswegs behutsame und tröstende Worte, sondern macht sich aus der Trennung gar noch einen Spaß, den er auskosten kann. So geht er anfangs auf Rosettas Flirtversuche so wenig ein, dass sie bald „beleidigt" (12, 1) ist. Schon Leonces Antwort auf ihre Frage, ob er sie liebe – „Ei warum nicht?" (12, 15) –, ist ein Affront. Ohne Rücksicht auf Rosettas Gefühle treibt er seine Scherze mit ihr. Seine Gemeinheit erreicht ihren Höhepunkt, als er die Beziehung mit den Worten „Adio, adio meine Liebe, ich will deine Leiche lieben“ (13, 14 – 13, 15) schließlich beendet und sich danach über Rosettas Tränen lustig macht: „Stelle dich in die Sonne, dass die köstlichen Tropfen krystallisieren, es muss prächtige Diamanten geben. Du kannst dir ein Halsband daraus machen lassen.“ (13, 16 – 13, 19) Spätestens in diesem Moment wird offensichtlich, wie verletzend und zynisch Leonce sein kann.

Er scheint sich mit diesem Zynismus schützen zu wollen. Hinter der Wand aus Spott und Sarkasmus versteckt sich eine sensible Seele. Hat Leonce sein inneres Leid vor Rosetta durch seine ironischen Sätzen noch verbergen können, so kommt es nach ihrem Abgang umso stärker zum Vorschein. Von der Geliebten getrennt und wieder ganz auf sich allein gestellt, beginnt er voller Wehmut zu klagen: „Komm Leonce, halte mir einen Monolog, ich will zuhören“ (15, 1 – 15, 2), fordert er sich selbst auf und zeigt damit eine tiefe Zerrissenheit. Wenn er danach vom „leere[n] Tanzsaal“, „verwelkte[n] Rosen“, „zerknitterte[n] Bändern“ und „geborstene[n] Violinen“ (15, 5 – 15, 6) spricht, wird deutlich, dass er des Feierns überdrüssig geworden ist. Längst hat er durchschaut, dass all die rauschhaften Feste nur eine vorübergehende Ablenkung von seiner unendlichen Langeweile, aber keine Lösung bieten: „Mein Leben gähnt mich an, wie ein großer weißer Bogen Papier, den ich vollschreiben soll“, jammert er, „aber ich bringe keinen Buchstaben heraus.“ (15, 2 – 15, 4) Entfremdet von sich selbst und ohne eigene Pläne und Ziele, offenbart sich Leonce als hoffnungsloser und verzweifelter Mensch.

II. Aspekt: Ironisierung der Romantik

In der Analyse seiner Charakterzüge klangen bereits zentrale Motive der Romantik an, die nun im Rahmen des zweiten Untersuchungsaspekts herausgearbeitet werden sollen. Angesichts solcher Motive, die sich in dem vorliegenden Auszug, aber auch in den meisten anderen Szenen finden lassen, verwundert es nicht, dass das Drama „Leonce und Lena" von der Forschung wiederholt als romantisches Lustspiel bezeichnet wurde. Dabei wurde es immer wieder in die Nähe der Lustspiele Clemens Brentanos, insbesondere seines Werkes „Ponce de Leon", gestellt, von dem sich Büchner nicht nur inspirieren ließ, sondern aus dem er auch etliche Textpassagen mehr oder weniger unverändert übernommen hat. Dennoch ist eine Einordnung seines Stückes in die Epoche der Romantik durchaus fragwürdig, wie die folgenden Ausführungen zeigen sollen.

Im Zentrum des vorliegenden Textauszuges steht die Liebe zwischen zwei Menschen, also ein bedeutendes Motiv der Romantik. Während der Unterhaltung zu Beginn zeigt sich, dass Rosetta diesem Ideal verfallen ist und daher tatsächlich eine Figur aus einem Lustspiel dieser Epoche sein könnte. So scheint sie zwar selbst unglücklich, ja lebensmüde zu sein und singt von ihren Füßen, die, anstatt zu tanzen, „lieber tief, tief [i]m Boden ruhen" (12, 28 – 12, 29) wollen. Diese Verzweiflung versucht sie aber durch die Beziehung mit Leonce zu überwinden. Durch ein liebendes und bejahendes Du – so der Glaube der „romantischen Liebe" – gewinnt das Ich eine Heimat im gemeinsamen Wir, das Leben wird wertvoll und einzigartig. Deshalb ist die Liebe der Romantik geradezu eine Religion, die Glück und Erlösung verspricht. Leonce aber zerstört Rosettas Hoffnungen durch seinen Sarkasmus und macht sich damit über dieses romantische Konzept lustig. So antwortet er auf ihre Frage, ob ihre Liebe denn für „immer" (12, 16) anhalte: „Das ist ein langes Wort: immer! Wenn ich dich nun noch fünftausend Jahre und sieben Monate liebe, ist's genug?" (12, 17 – 12, 18) Da die Liebe der Romantik auf Ausschließlichkeit („nur du und ich“) und Ewigkeit („für alle Zeiten“) beruht, muss Leonces Entgegnung kalt und zynisch erscheinen, die Angabe einer Dauer seiner Gefühle wie blanker Hohn. Eine Figur aus einem romantischen Lustspiel hätte auf Rosettas Liebesgeflüster jedenfalls anders reagiert.

Nachdem sich Leonce von Rosetta getrennt hat, kommt in dem vorliegenden Textauszug die andere Seite der Liebe, nämlich Einsamkeit und Melancholie, zum Ausdruck. Diese düsteren Seelenzustände spielen in der Romantik ebenfalls eine zentrale Rolle, insbesondere in der sog. „Schwarzen Romantik“ oder „Schauerromantik“, zu deren Vertretern beispielsweise Edgar Allan Poe und E. T. A. Hoffmann gehören. Vor allem in dem Monolog, den Leonce nach Rosettas Abgang hält (14, 15 – 15, 15), finden sich etliche Motive, Metaphern und Bilder dieser literarischen Strömung. Einige von ihnen wurden bereits bei der Analyse von Leonces Charaktereigenschaften herausgestellt, etwa die Gefühle des Lebensüberdrusses und der Verzweiflung. Typische romantische Motive sind darüber hinaus Vergänglichkeit und Tod, die auch in Leonces Sätzen anklingen (z. B. „die letzten Tänzer haben die Masken abgenommen und sehen mit todmüden Augen einander an“, 15, 7 – 15, 8). Auch die Gespaltenheit des Individuums, die in der Romantik häufig in Gestalt eines Doppelgängers dargestellt wird, ist angedeutet, wenn Leonce zu sich selbst spricht (vgl. 15, 1 – 15, 2 und 15, 14 – 15, 15). Doch ebenso wie zuvor das Motiv der Liebe werden auch diese romantischen Motive schließlich ironisiert. So meint Valerio, der den Monolog heimlich mitgehört hat, mit trockenem Sarkasmus: „Eure Hoheit scheint mir wirklich auf dem besten Weg, ein wahrhaftiger Narr zu werden“ (15, 16 – 15, 18), woraufhin ihm Leonce sogleich zustimmt (vgl. 15, 19 – 15, 20) und sich damit von seiner romantischen Stimmung distanziert, sie womöglich im Nachhinein gar belächelt.

Schluss

Die Analyse des vorliegenden Textauszugs konzentrierte sich auf Leonces Charaktereigenschaften und die romantischen Motive, die seine Unterhaltung mit Rosetta und seinen anschließenden Monolog bestimmen, aber auch ironisiert werden. Die gewonnenen Ergebnisse unterstreichen die oft betonte Verwandtschaft zwischen Georg Büchner und seinem Protagonisten. Ähnlich wie Prinz Leonce sah auch Büchner in seinem beschwerlichen (und tragisch kurzen) Leben zuweilen keinen Sinn mehr, litt häufig unter Antriebslosigkeit und depressiven Verstimmungen und stand der Epoche der Romantik, der er naive Träumerei und Flucht aus der Realität vorwarf, ablehnend und spöttisch gegenüber. So handelt es sich bei seinem Drama „Leonce und Lena" auch nur scheinbar um ein romantisches Lustspiel – in Wirklichkeit aber um eine sozialkritische Satire, mit der Büchner die Ungerechtigkeiten seiner Zeit anprangerte.

Der Blick auf die Prüfung: Themenfelder

Dieses Kapitel dient zur unmittelbaren Vorbereitung auf die Prüfung: Schulaufgabe bzw. Klausur oder schriftliche bzw. mündliche Abiturprüfung. Die wichtigsten Themenfelder werden in einer übersichtlichen grafischen Form dargeboten. Außerdem verweist eine Liste mit Literaturangaben und Internetadressen (S. 125–126) auf mögliche Quellen für Zusatzinformationen.

Die schematischen Übersichten können dazu genutzt werden,

- wesentliche Deutungsaspekte des Dramas kurz vor der Prüfungssituation im Überblick zu wiederholen,
- die Kerngedanken des Dramas noch einmal selbstständig zu durchdenken und
- mögliche Verständnislücken nachzuarbeiten.

Zum Verständnis der Schemata ist die Kenntnis der vorausgehenden Kapitel unerlässlich. Die folgenden Schwerpunktsetzungen beruhen auf Erfahrungen aus jahrelanger Prüfungspraxis. Die Übersicht IV (Vergleichsmöglichkeiten mit anderen literarischen Werken) soll als Anregung dienen, um den eigenen Lektürekanon auf möglicherweise interessante Vergleichspunkte hin abzuklopfen.

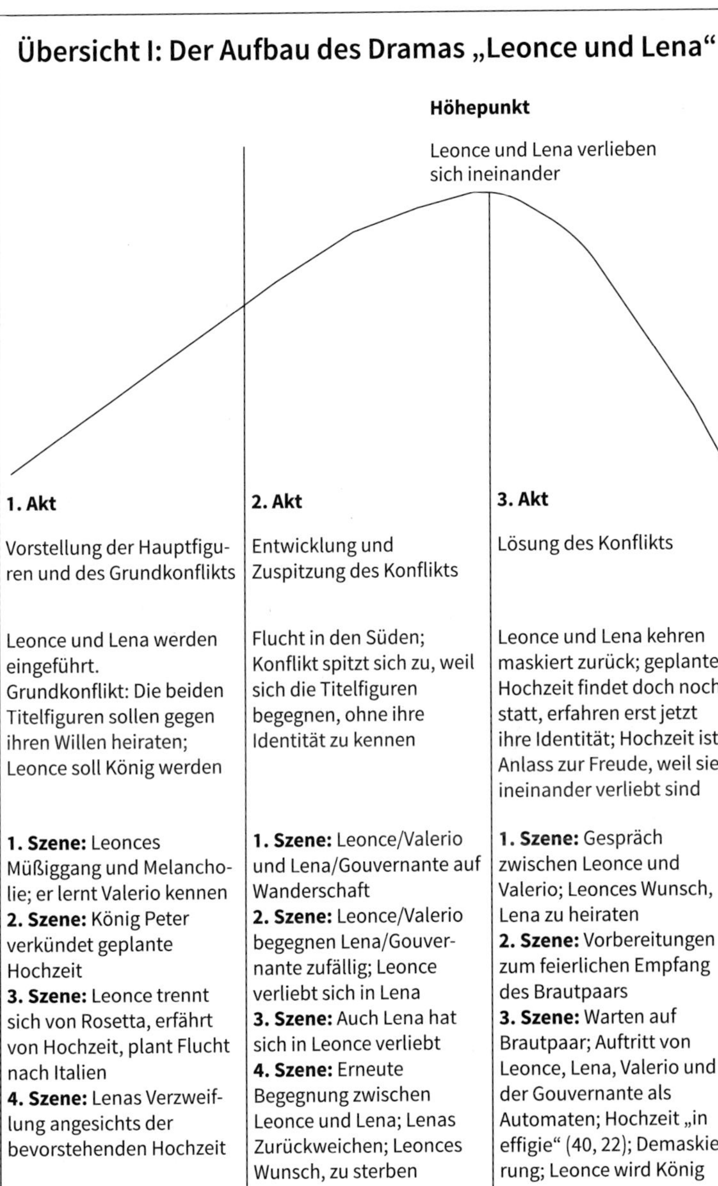
Übersicht I: Der Aufbau des Dramas „Leonce und Lena“
Höhepunkt
Leonce und Lena verlieben sich ineinander
1. Akt
Vorstellung der Hauptfiguren und des Grundkonflikts
Leonce und Lena werden eingeführt.
Grundkonflikt: Die beiden Titelfiguren sollen gegen ihren Willen heiraten; Leonce soll König werden
1. Szene: Leonces Müßiggang und Melancholie; er lernt Valerio kennen
2. Szene: König Peter verkündet geplante Hochzeit
3. Szene: Leonce trennt sich von Rosetta, erfährt von Hochzeit, plant Flucht nach Italien
4. Szene: Lenas Verzweiflung angesichts der bevorstehenden Hochzeit
2. Akt
Entwicklung und Zuspitzung des Konflikts
Flucht in den Süden; Konflikt spitzt sich zu, weil sich die Titelfiguren begegnen, ohne ihre Identität zu kennen
1. Szene: Leonce/Valerio und Lena/Gouvernante auf Wanderschaft
2. Szene: Leonce/Valerio begegnen Lena/Gouvernante zufällig; Leonce verliebt sich in Lena
3. Szene: Auch Lena hat sich in Leonce verliebt
4. Szene: Erneute Begegnung zwischen Leonce und Lena; Lenas Zurückweichen; Leonces Wunsch, zu sterben
3. Akt
Lösung des Konflikts
Leonce und Lena kehren maskiert zurück; geplante Hochzeit findet doch noch statt, erfahren erst jetzt ihre Identität; Hochzeit ist Anlass zur Freude, weil sie ineinander verliebt sind
1. Szene: Gespräch zwischen Leonce und Valerio; Leonces Wunsch, Lena zu heiraten
2. Szene: Vorbereitungen zum feierlichen Empfang des Brautpaars
3. Szene: Warten auf Brautpaar; Auftritt von Leonce, Lena, Valerio und der Gouvernante als Automaten; Hochzeit „in effigie“ (40, 22); Demaskierung; Leonce wird König

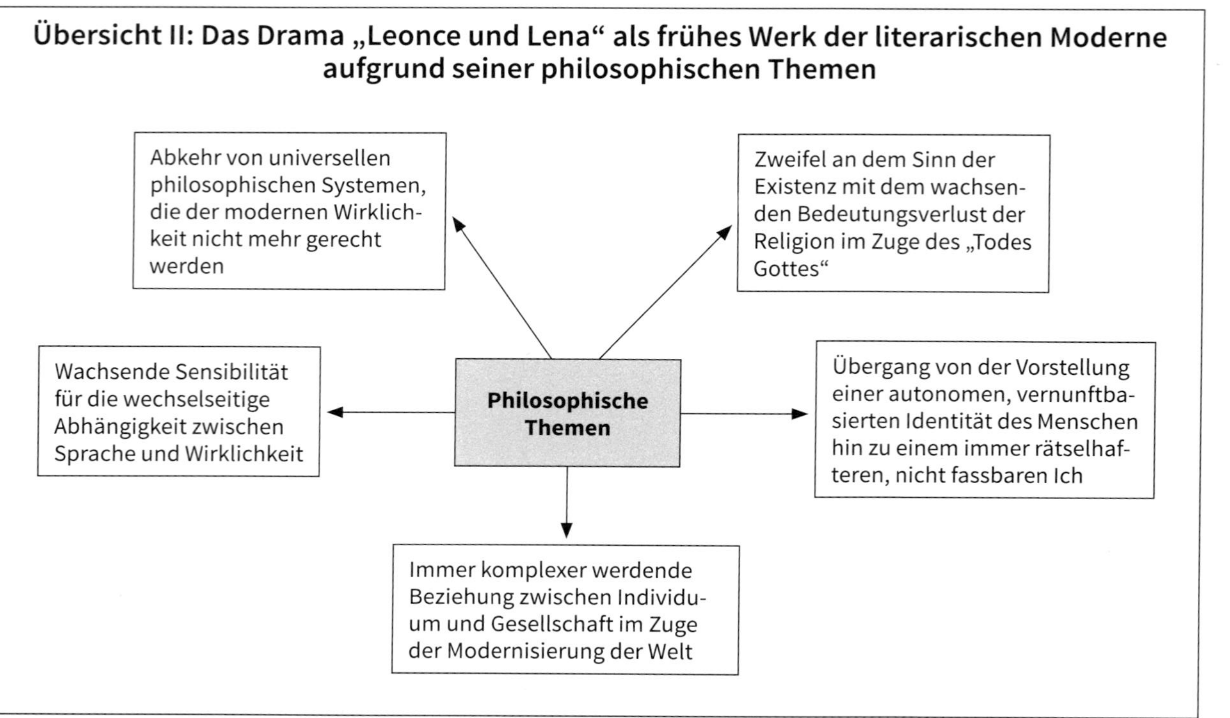
Übersicht II: Das Drama „Leonce und Lena“ als frühes Werk der literarischen Moderne aufgrund seiner philosophischen Themen
Abkehr von universellen philosophischen Systemen, die der modernen Wirklichkeit nicht mehr gerecht werden
Zweifel an dem Sinn der Existenz mit dem wachsenden Bedeutungsverlust der Religion im Zuge des „Todes Gottes“
Wachsende Sensibilität für die wechselseitige Abhängigkeit zwischen Sprache und Wirklichkeit
Philosophische Themen
Übergang von der Vorstellung einer autonomen, vernunftbasierten Identität des Menschen hin zu einem immer rätselhafteren, nicht fassbaren Ich
Immer komplexer werdende Beziehung zwischen Individuum und Gesellschaft im Zuge der Modernisierung der Welt

Übersicht III: Mögliche Untersuchungsschwerpunkte
Die Merkmale des romantischen Lustspiels im Vergleich zu den Merkmalen einer politischen Satire
Humor und Komik im Drama, speziell auch unter dem Gesichtspunkt ihrer sozialkritischen Dimension
Mögliche Untersuchungsschwerpunkte
Die intertextuellen Anspielungen und Verweise auf andere Werke und ihre literarische Funktion
Die Beziehungen zwischen den einzelnen Figuren und das dadurch deutlich werdende Frauenbild im Drama

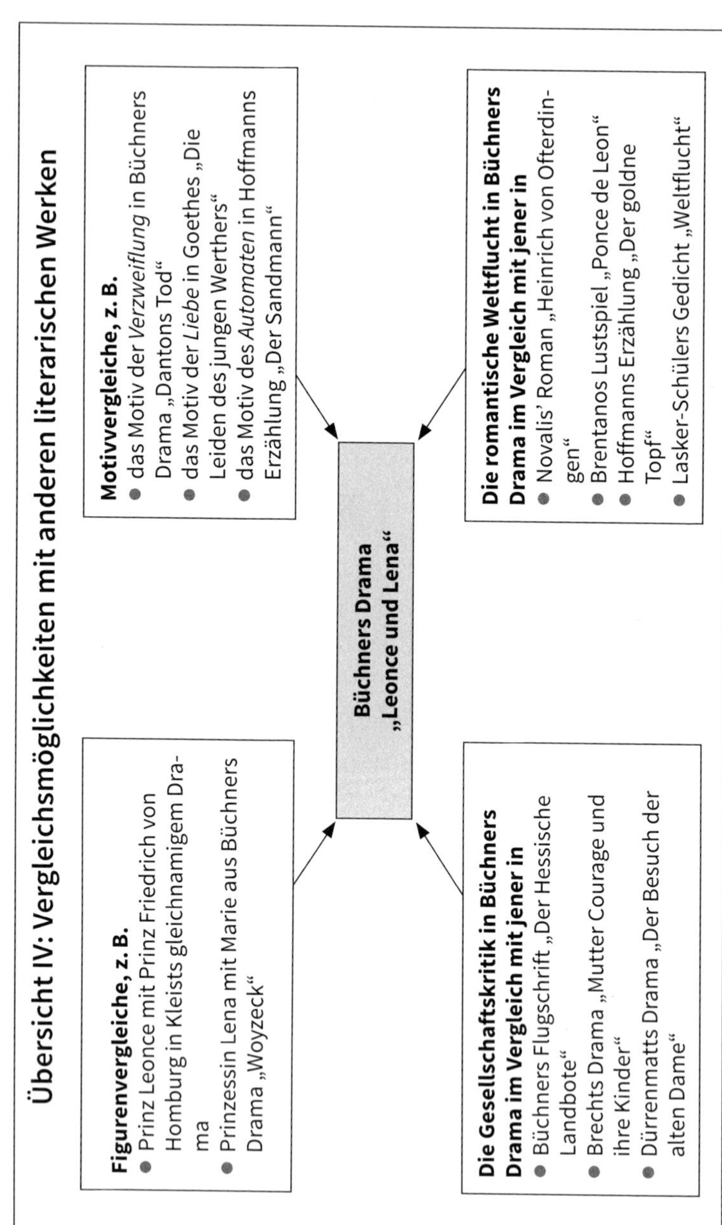
Übersicht IV: Vergleichsmöglichkeiten mit anderen literarischen Werken
Figurenvergleiche, z. B.
Prinz Leonce mit Prinz Friedrich von Homburg in Kleists gleichnamigem Drama
Prinzessin Lena mit Marie aus Büchners Drama „Woyzeck“
Motivvergleiche, z. B.
das Motiv der Verzweiflung in Büchners Drama „Dantons Tod“
das Motiv der Liebe in Goethes „Die Leiden des jungen Werthers“
das Motiv des Automaten in Hoffmanns Erzählung „Der Sandmann“
Büchners Drama „Leonce und Lena“
Die Gesellschaftskritik in Büchners Drama im Vergleich mit jener in
Büchners Flugschrift „Der Hessische Landbote“
Brechts Drama „Mutter Courage und ihre Kinder“
Dürrenmatts Drama „Der Besuch der alten Dame“
Die romantische Weltflucht in Büchners Drama im Vergleich mit jener in
Novalis’ Roman „Heinrich von Ofterdingen“
Brentanos Lustspiel „Ponce de Leon“
Hoffmanns Erzählung „Der goldne Topf“
Lasker-Schülers Gedicht „Weltflucht“

Internetadressen

Unter diesen Internetadressen kann man sich zusätzlich informieren:

www.xlibris.de/Autoren/Buechner
(Informative Seite zu Leben und Werk Georg Büchners)

http://buechnerportal.de/
(Zahlreiche und vielfältige Informationen zu Büchner)

www.zum.de/Faecher/D/BW/gym/Buechner/
(Überblick über die Werke Büchners)

www.zeit.de/2013/42/georg-buechner-200-jahre
(Ausführlicher Zeitungsartikel zu Büchners 200. Geburtstag)

www.buechnergesellschaft.de/
(Internetportal der Georg Büchner Gesellschaft mit einigen weiterführenden Links)

www.deutscheakademie.de/de/auszeichnungen/georg-buechner-preis
(Website zum Georg-Büchner-Preis)

www.gg-online.de/html/buechnerhaus.htm
(Informationen über das inzwischen unter Denkmalschutz stehende Geburtshaus Georg Büchners in der Gemeinde Riedstadt)

[Stand: 08.05.2022]

Literatur

Textausgabe

Georg Büchner: Leonce und Lena. Ein Lustspiel. Erarbeitet von Roland Kroemer. Herausgegeben von Johannes Diekhans. Paderborn: Schöningh 2015

Weitere Literatur

Beckers, Gustav: Georg Büchners „Leonce und Lena“. Ein Lustspiel der Langeweile. Heidelberg: Carl Winter 1961

Bernhardt, Rüdiger: Erläuterungen zu Georg Büchner: Lenz. Hollfeld: Bange 2006

Borgards, Roland und Harald Neumeyer: Büchner Handbuch. Leben – Werk – Wirkung. Stuttgart: Metzler 2009

Eckert, Nora: Wegschauen geht nicht. Georg Büchner auf den Bühnen des 20. Jahrhunderts. Basel: Schwabe 2013

Hofmann, Michael und Julian Kanning: Georg Büchner. Epoche – Werk – Wirkung. München: Beck 2013

Kurzke, Hermann: Georg Büchner. Geschichte eines Genies. München: Beck 2013

Mosler, Peter: Georg Büchners „Leonce und Lena“. Langeweile als gesellschaftliche Bewußtseinsform. Bonn: Bouvier 1974

Neuhuber, Christian: Georg Büchner. Das literarische Werk. Berlin: Erich Schmidt 2009

Schröder, Jürgen: Georg Büchners „Leonce und Lena“. Eine verkehrte Komödie. München: Fink 1966